Gerhard Hartmann (Hg.)
Was mir Halt gibt

topos taschenbücher, Band 677

Für Sie
zu Ihrem
runden Geburtstag
liebe, treue
Frau Weirich
alles Liebe
Ihre
Margit Müller
3. Juli 2009

Gerhard Hartmann (Hg.)

Was mir Halt gibt

Gedanken von Benedikt XVI.,
Mutter Teresa, Anselm Grün,
Jörg Zink u.a.

topos taschenbücher

Verlagsgemeinschaft topos plus
Butzon & Bercker, Kevelaer
Don Bosco, München
Echter, Würzburg
Lahn-Verlag, Kevelaer
Matthias-Grünewald-Verlag, Ostfildern
Paulusverlag, Freiburg (Schweiz)
Friedrich Pustet, Regensburg
Tyrolia, Innsbruck

verlags gruppe engagement

Bibliografische Information der Deutschen Nationalbibliothek
Die Deutsche Nationalbibliothek verzeichnet diese Publikation in der Deutschen Nationalbibliografie; detaillierte bibliografische Daten sind im Internet über http://dnb.d-nb.de abrufbar.

Einband- und Reihengestaltung | Finken & Bumiller, Stuttgart
Umschlagabbildung | www.aboutpixel.de
Herstellung: Pustet | Regensburg
Printed in Germany

Topos ISBN: 978-3-8367-0677-3

www.toposplus.de

Inhaltsverzeichnis

Der Mann am Steg – Einführende Gedanken

Der Mann auf dem Umschlagbild dieses Taschenbuches steht am Ende eines Bootsstegs, der weit ins Meer oder wegen des relativ ruhigen Wasserspiegels vielleicht in einen See hineinragt. Dieser Steg ist relativ schmal, es kann gerade eine Person darauf gehen. Wenn sich zwei begegnen, wird es sehr schwierig sein, einander auszuweichen, ohne ernsthaft zu straucheln. Am Ufer oder am Hafenrand eines Meeres oder eines großen Sees zu stehen und auf die Weite des Wassers zu blicken, hat für viele Menschen etwas Beruhigendes, fast schon Befreiendes an sich. Sehnsüchte kommen auf, was sich da wohl am Ende des Wassers befindet. Nicht zuletzt mag das auch die Triebfeder für die großen Entdeckungen an der Wende vom Mittelalter zur Neuzeit gewesen sein.

Der Mann ist nun auf diesem Steg bis an sein Ende hinausgegangen. Viele von uns hätten sich dann aber auf die Kante gesetzt, die Beine über das Wasser baumeln lassen und sich hinter dem Rücken mit den Händen aufgestützt. Den Kopf im Nacken hätten wir die scheinbare Unendlichkeit einzufangen versucht. Nicht so der Mann auf dem Bild. Er hat sich am Ende des Steges umgedreht und blickt zurück ans Ufer. Die Hände sind weit ausgestreckt, als ob er – auf dieser gefährlichen Kante stehend – Halt suchen oder mit einem Satz rückwärts ins Wasser springen wollte. (Dies wohl eher nicht, denn er ist ja angezogen.) Oder er lässt sich die Brise vom Meer um seinen Körper streichen und genießt möglicherweise eine Art Leichtigkeit, ja vielleicht sogar eine beginnend empfundene Schwerelosigkeit.

Wir wissen es nicht und werden es wohl auch nicht wissen.

Ein Umschlagbild also, das bei einem Buch mit dem Titel „Was mir Halt gibt" zum Nachdenken darüber einlädt. Das war Absicht.

Unterstellen wir nun, der Mann auf dem Steg sucht Halt. Er findet aber einen solchen nicht, denn um ihn herum ist Leere, ist niemand da, der die hilfesuchenden Hände ergreift und Rettung bringt. Vielen Menschen ergeht es so, auch wenn sie sich nicht in derart dramatisch anmutenden Situationen befinden wie der Mann auf dem Steg, der gleichsam vor einem vermeintlichen Abgrund zu stehen scheint.

Abgründe bei Menschen oder im menschlichen Leben tun sich öfters auf. Und es kommt dabei weniger auf den objektiven Sachverhalt an, ob so eine Situation bedrohend ist oder nicht, sondern häufig auf das subjektive Empfinden der Betroffenen. Da können schon Petitessen Menschen aus der Lebensbahn werfen.

Hilfe in solchen Fällen kommt sehr oft, wenn nicht überhaupt, vom Wort, meist vom gesprochenen Wort in einer persönlichen Begegnung. Aber auch das gelesene Wort hilft bei Sinn-Fragen oder Krisen der Menschen. Es kann Halt geben, damit man eine Situation aushalten kann oder in eine Haltung versetzt wird, richtige Antworten auf Fragen zu bekommen, die einen bewegen. Solche Fragen können ganz unterschiedlich sein. Sie können aus Neugierde für ein bestimmtes Sachthema entstanden sein, es können aber auch existentielle sein, bei denen der Fragesteller weder aus noch ein weiß.

Die Leserinnen und Leser dieses Bandes finden in den hier abgedruckten Texten möglicherweise Antworten auf sie bewegende Fragen – egal welcher Art. Wenn diese Antworten für sie befriedigend ausfallen, dann haben sie dabei Halt, vielleicht auch Trost (consolatio) gefunden.

Zur Aufgabe der topos taschenbücher gehört es u. a., den Menschen zu helfen, damit sie zu ihrem Halt kommen. In dem vorliegenden Band gibt es eine Auswahl von Texten aus Topos-Bänden, die in den letzten Jahren erschienen sind und von denen wir glauben, dass sie diesem Anspruch gerecht werden können.

Nehmen wir nun an, der Mann auf dem Steg sieht von der Ferne am Ufer den rettenden Halt. Erleichtert breitet er die Arme aus, als ob er zum Fliegen ansetzt, und freut sich, denn Hilfe scheint nahe zu sein. Das Bild sagt aber dann nichts mehr weiter aus, ob diese Annahme zutrifft. Aber die Hoffnung, die vor 2000 Jahren auf die Welt gekommen ist, gibt uns eine Zuversicht.

Diese wünschen wir den Leserinnen und Lesern bei der Lektüre dieses Bandes.

Kevelaer, am Fest Maria Unbefleckte Empfängnis 2008

Gerhard Hartmann

Das Leben ist ein Geschenk

Das Leben ist eine Kunst – und auch die will gelernt sein!

Wenn wir ins Leben kommen, werden wir nicht gefragt, ob wir das nun möchten oder nicht. Unser Dasein ist ein Geschenk, für das wir höchstens noch unsere Eltern zur Rechenschaft ziehen können, aber letztlich liegt es auch nicht in ihren Händen, ob Leben entsteht oder nicht. Und auch nicht, was aus dem Kind einmal für ein Mensch werden wird, wenn es, erschöpft wie Mutter und Vater, endlich in deren Armen liegt und auf der Erde angekommen ist.

Unser Leben ist und bleibt ein Geschenk Gottes, etwas, das sich unserem Machen-Können völlig entzieht. Manch einer empfindet in Krisen oder im täglichen Einerlei sein Leben oft eher als Last denn als Lust, und er mag in schweren Tagen auch schon einmal mit seinen Eltern hadern, die ihn ohne zu fragen dort „hineingeschubst" haben. Sie mögen uns zwar Wärme und Werte, Erziehung und Chancen mit auf den Weg gegeben haben, es bleibt uns aber letztlich immer selbst überlassen, diesen Weg nun zu gehen, selbst verantwortlich zu sein, unser Leben zu leben oder gar zu führen, wie es im Sprachgebrauch heißt. Führen beinhaltet aber eigentlich immer, dass es eine Richtung gibt, in die man unterwegs ist, ein Ziel, auf das der Weg hinführt. Und oft genug haben wir das Gefühl, dass uns selbst das Ziel dabei verborgen geblieben ist, wir es nicht sehen können, es vielleicht gar nicht existiert oder wir es aus den Augen verloren haben.

Sein Leben zu führen ist alles andere als einfach, es ist vielmehr eine Kunst, die gelernt sein will. Und dennoch: Bedeutet das Geschenk des Lebens, das Gott jedem von uns bei seiner Geburt macht, nicht auch, dass er Vertrauen in jeden von uns hat, dass jeder Einzelne von uns das Talent hat, zu leben, dass er uns zutraut, dieses Ziel, auf das wir zugehen, auf das wir unser Leben hin führen, zu finden oder wiederzuentdecken? Vielleicht ist es oft über die Erfahrungen, die wir in den zurückliegenden Zeiten unseres Lebens gemacht haben, verschütt gegangen. Vielleicht wussten wir als Kinder noch, wie Leben geht. Damals schien es uns einfach und selbstverständlich, jeden Tag aufzustehen und zu leben. Heute ist es manchmal schwierig, sich dazu zu motivieren. Dann fehlt uns der Einblick in den Sinn, weshalb wir dies auch morgen wieder tun sollten. Ein andermal ist uns sozusagen das Handwerkszeug abhanden gekommen, um unser Leben zu leben, wir wissen nicht mehr, wie das geht.

Entdecken Sie wieder Ihr Leben als das kostbare Geschenk, das Sie sind. Dabei soll es gerade nicht darum gehen, das Dunkle in Ihrem Leben auszublenden oder schönzureden, wie es uns heute Werbung und Fernsehen vorgaukeln. Zur Lebenskunst gehört das Dunkle, der Schatten ebenso wie die Freude und die Lust am Leben. Wahre Lebenserfahrung zeigt: Erst, wenn Sie diese Seiten ernst nehmen und annehmen können, werden Sie die Freude und die Lust am Leben als echt und tief erfahren.

Entdecken Sie die Höhen und Tiefen des Lebens etwas wieder: das Vertrauen, das Gott Ihnen geschenkt hat, als er Sie ins Leben gestellt hat, dass Sie Ihr Leben leben können. Und im nächsten Schritt kann dieses Vertrauen vielleicht zu Ihrem eigenen Vertrauen, Ihrem Selbst-Vertrauen ins Leben werden.

Aus Grün, Anselm (OSB): Lebe dein Leben. 2008.
topos taschenbuch 658, Seite 7 bis 8 (bearbeitet).

Treue zum eigenen Weg

Die Treue – gewiss kein leichtes Thema, eher eines, das uns schon bei der ersten Annäherung in Schwierigkeiten führt. Fragen tauchen auf: grundsätzliche, sachliche, zutiefst persönliche. Und je intensiver die Auseinandersetzung mit diesem Thema wird, umso komplexer zeigen sich die Fragestellungen. Treue berührt viele Grundbereiche des menschlichen Lebens, die sich überschneiden. Von daher ist es nicht leicht, Worte zu finden, die klären und auch helfen. Dass Treue nicht gerade im Trend unserer Zeit liegt, ist sicherlich nicht der einzige Grund. Wie schnell ist hier etwas zu viel, vielleicht zu großspurig gesagt, das weder den Menschen noch der Sache gerecht wird. Wie kann es überhaupt gelingen, davon zu sprechen?

Derjenige, der sich zum ausdrücklichen Anwalt der Treue machen will, der entschieden zu einer engagierten Befürwortung ansetzt, gerät unversehens in den Gegenstrom, ja in einen Strudel zeitbedingter Gefühle und Fakten. Er hat einen schweren Stand und wird kaum oder nur mit Mühe vermeiden können, in die Defensive zu geraten. So vieles scheint dagegen zu sprechen. Angefangen bei einem – global gesagt – postmodernen Lebensgefühl, aus dem heraus unwiderrufliche Bindungen und die Treue zu ihnen stark hinterfragt werden, wo auch Fakten und Statistiken eine überdeutliche Sprache sprechen: so die erschreckend hohen und immer weiter im Zunehmen begriffenen Scheidungsquoten und Trennungen, das häufige Sich-Lösen aus einst frei gewählten kirchlichen Engagements und andern eingegangenen Verbindlichkeiten im politischen, sozialen wie auch rein privaten Bereich.

Warum also dennoch dieses Plädoyer? – Ich denke, weil es vorrangig darum gehen muss, eine urmenschliche Sehnsucht zu bewahren, sozusagen wieder neu in ihr Recht einzusetzen, damit sie in all den aktuellen Gefährdungen nicht zugeschüttet werden oder gar verlorengehen kann; diese große, nicht zu verleugnende „Bitte unserer Existenz", wir möchten doch dem, was wir im Grunde unseres Herzens wollen, treu bleiben können; wir möchten, nach dem bekannten Wort von Saint-Exupery, fähig werden, „zeitlebens verantwortlich zu bleiben für das, was wir uns anvertraut haben". Das Recht dieser Sehnsucht soll geschützt und verteidigt werden. Sie kann durch die Fakten misslungener Treue nicht widerlegt werden. Tatsachen beweisen ja nur, dass das Ideal in der Regel kaum oder nur teilweise angestrebt und verwirklicht wird; sie beweisen keineswegs, dass es in der Vorstellung des Menschen überhaupt nicht als Wert seines Lebens existiert.

Was gibt uns schließlich Zukunft? Wonach sehnen wir uns denn? Gibt es nicht hinter allem vordergründig modischen, oft suggerierten Misstrauen und Spott gegen Treue auch das Bedürfnis nach Verlässlichkeit, nach einem Weg, der sicher ist, auf dem man getrost ausschreiten kann? Die Sehnsucht nach Halt, nach Kontinuität in Beziehungen, nach festen Orientierungspunkten – gibt es nicht auch dies? – Auch heute: Gerade unter jungen Menschen, die am meisten darunter leiden, dass Kontakte oft so locker und kurzlebig sind, dass eingesetztes und geschenktes Vertrauen so zerbrechlich ist, oft verraten und ausgenützt wird, bei denen, wie jüngste Umfragen zeigen, trotz Überforderung und Scheitern an einem Ideal doch die Sehnsucht nach neuer Verbindlichkeit entsteht? Entspricht so die großartige christliche Idee von der Unbedingtheit der Liebe, der Dauerhaftigkeit eines Jawortes nicht einem urmenschlichen Bedürfnis?

Aus Schaller, Hans (SJ): Treue zum eigenen Weg.
Ideal oder Überforderung? 2004.
Topos plus Taschenbuch 518, Seite 11 bis 13 (auszugsweise).

Das Zauberwort

Es war an einem warmen Sommerabend. Wir saßen draußen bei einem Glas Wein. Das Gespräch über die Neuigkeiten des Tages hatte sich erschöpft. Bis es ganz neu hervorbrach mit einer einzigen Frage. Einer hatte sie gestellt. Aber jeder hörte sie als seine eigene Frage. Sie lautete: Was ist dein wichtigstes Wort?

Der Frager hatte sie anders formuliert. Aber darauf lief sie doch schließlich hinaus: Welches Wort ist für dich das wichtigste? Welches Wort lässt dich aufleben, ist für dich Trost, Ermutigung, Antrieb? Die Antworten waren so verschieden wie die Gesichter um den Tisch. Hatten sie etwas Gemeinsames?

Einer nannte auf die Frage nach seinem wichtigsten Wort eine Landschaft, weit weg, irgendwo am Meer. Fernweh lag in diesem Wort. Oder gar Heimweh? Er hatte eine gute Zeit dort verbracht.

Eine andere nannte eine Tätigkeit, in welcher sie ganz aufgeht. „Dann fühle ich mich manchmal ganz in Übereinstimmung mit mir selbst und mit der Welt", fuhr sie fort. Man mochte es ihr abnehmen, wenn sie so von ihrer Lieblingsbeschäftigung sprach.

Wieder jemand nannte eine Jahreszeit. Von diesen Wochen zehre er während der übrigen Monate.

Einer nannte ein Kunstwerk. Er suche es oft auf. Die Frage, ob er eine Abbildung davon in seiner Wohnung aufgehängt habe, verneinte er.

Zwischendurch erinnerte einer an Joseph von Eichendorffs Gedichtzeile: „Und die Welt hebt an zu singen, triffst du nur das Zauberwort."

Aus Thissen, Werner (Erzbischof von Hamburg):
Du bist mein Glück. Leben aus der Kraft der Begegnung. 2004.
Topos plus Taschenbuch 515, Seite 13 bis 15.

Von der Gelassenheit

Über Gelassenheit zu schreiben ist keine einfache Aufgabe. Schließlich geht es um das Loslassen von etwas, was mir zugehört und auch wichtig erscheint. Verlustangst tritt auf.
Ist der Preis für Gelassenheit das Abgeben von Besitz? Unverständlich bleibt auch: Ich gebe etwas ab und daraus soll etwas Großes entstehen. Weshalb?

Was soll ich loslassen, und überhaupt, was bekomme ich dafür? Schnell sind dann Vorzüge des Gelassenseins aufgezählt und schnell ist deren praktischer Nutzen hervorgehoben. Indes, um des Gewinnes, des Vorteils wegen für sich selbst Gelassenheit erlangen zu wollen, muss ein erfolgloses Unterfangen bleiben.

„Suchst du Gott und suchst Gott um deines eigenen Nutzens oder um deiner eigenen Seligkeit willen, wahrlich, so suchst du nicht Gott" (Meister Eckhart 1978, Predigt 49, S. 384). Der Sachverhalt ist also kompliziert. In diesen Rahmen ist unser Bemühen einzuordnen: Die folgenden Erkenntnisse sollen Ihr spirituelles Interesse vertiefen und Ihnen helfen, Gelassenheit in Ihr Denken und Tun einzuschließen.

Versuchen Sie, Tugenden zu leben. Bleiben Sie dabei geduldig, humorvoll, konsequent und tolerant. Meditieren Sie beharrlich und lassen Sie dieses Üben zu einem unverzichtbaren Bestandteil Ihres Lebens werden. Beobachten und bewerten Sie Ihre Motive, Ihr Denken und Tun.

Sehen Sie in jeder Lebenslage, und erscheint sie noch so schwer und ausweglos, eine Ihnen gegebene Möglichkeit, die oben genannten Tugenden zu üben. Stellen Sie sich dabei vor, wie eine wirklich gelassene Persönlichkeit die Situation meistem würde. Tun Sie es ihr nach. Wenn Sie sich eine gelassene Persönlichkeit nicht vorstellen können, dann lesen Sie das Buch noch einmal. Üben Sie Achtsamkeit, Konzentration, bewussten Verzicht; bleiben Sie im

Augenblick, suchen Sie innere Ruhe und arbeiten Sie am Entkräften von Störfaktoren. Bleiben Sie sich selbst gegenüber stets völlig aufrichtig, entwickeln Sie Urvertrauen und streben Sie nach Weisheit. Untersuchen Sie Ihre handlungsleitenden Bedürfnisse und Beweggründe. Glück liegt nicht im Habenwollen und Bekommen. Glück bedeutet selbstlose Liebe, Gelassensein.

Versuchen Sie, in Liebe zu leben, und prüfen sie, ob es sich dabei um Besitzstreben oder andere egoistische Motive handelt. Lächeln Sie von Herzen, üben Sie Mitgefühl, Hilfsbereitschaft und lernen Sie, mit Ihren Gefühlen umzugehen. Gefühle entstehen aus Bewertung von Wahrgenommenem. Trauern Sie, wenn das Leben es erfordert; lachen Sie, wenn die Situation freudig oder heiter ist; erkennen Sie Aggression und Wut im Entstehen und suchen Sie die Ursache. Wut ist ein aus einer Wahrnehmung entstandenes und bewertetes Gefühl. „Seelenruhig kommt keiner auf die Welt. Gelassenheit braucht Zeit, braucht Lebenserfahrung, Weite des Blicks." Sie fordert aber nicht minder beharrliches Üben in allem Denken, Wollen und Tun – das bleibt unsere Aufgabe, der Sinn unseres Lebens. „Darum lerne der Mensch, seinen Gott in allen Dingen zu haben und unbehindert zu bleiben in allen Werken und an allen Stätten."

Meistern Sie Ihr alltägliches Leben und sehen Sie es als Übungsfeld für die Tugenden. Der Anteil der nach außen gerichteten Aufmerksamkeit sollte nicht größer sein als der nach innen weisende. Wenn Sie sich in jedem Augenblick bewusst sind, Ihre Motive selbstlos und Ihr Denken und Tun davon getragen sind, wenn Sie an sich arbeiten und meditieren, dann sind Sie dem Gelassensein nah. „Das Wichtigste in diesem Leben ist es, vorsichtig zu sein bei dem, was wir tun, zu verstehen, warum wir tun, was wir tun, und sich des Körpers, der Sprache und des Geistes in jedem Augenblick bewusst zu sein. Das ist es. Das ist genug. Wenn Ihre Absichten in diesem Leben gute sind, dann gibt es keinen Grund zur Sorge." Und was ist die Essenz von allem: Üben Sie das Loslassen in jedem Augenblick.

Aus Voigt, Dieter / Meck, Sabine:
Von der Gelassenheit. Lebensziel und Weg. 2008.
topos taschenbuch 655, Seite 9 bis 10 und 154 bis 156 (bearbeitet).

Wenn du meinst, es geht nicht mehr

Alles im Leben hat seine Zeit. Dieser kurze Satz hat seine zwei gewichtigen Seiten. Es gibt Zeiten, die erfreulich sind und uns froh machen, und es gibt Zeiten, die uns belasten und uns wehmütig stimmen. Es gibt schlechte und traurige Zeiten, und es gibt Zeiten, wo wir gern die Uhr anhalten möchten.

Im Alten Testament heißt es: „Alles hat seine Stunde. Für jedes Geschehen unter dem Himmel gibt es eine bestimmte Zeit: eine Zeit zum Gebären und eine Zeit zum Sterben, eine Zeit zum Pflanzen und eine Zeit zum Abernten der Pflanzen, eine Zeit zum Töten und eine Zeit zum Heilen, eine Zeit zum Niederreißen und eine Zeit zum Bauen, eine Zeit zum Weinen und eine Zeit zum Lachen, eine Zeit für die Klage und eine Zeit für den Tanz ..." (Koh 3,1–4).

Man kann die Reihe noch ein wenig fortsetzen: Es gibt eine Zeit, Kinder zu bekommen, und eine Zeit, Kinder zu verlieren; eine Zeit zu heiraten und eine Zeit, getrennt zu werden; eine Zeit, einen Beruf zu ergreifen, und eine Zeit, aus dem Beruf auszuscheiden; eine Zeit zu arbeiten und eine Zeit, von der Arbeit auszuruhen; eine Zeit, Sorgen zu haben, und eine Zeit, Freude zu erleben, eine Zeit, Dankbarkeit zu erfahren, und eine Zeit, Undank zu ernten ...

Für alles gibt es also eine Zeit. Auch Zufriedenheit und Leid unterliegen diesem Wechsel im menschlichen Leben.

Auf Sonne folgt Regen. Das gilt draußen für die Natur. Das gilt auch für den Menschen.

Das Leben ist ein Kreuzweg mit unterschiedlichen Stationen. Man kann nicht immer nur über „Wiesen“ wandern, man muss auch durch die „Wüste“ gehen. „Was weiß eigentlich ein Mensch, der nicht gelitten hat?“, fragt mit Recht der Mystiker und Wanderprediger Heinrich Seuse (um 1295–1366). Vom Leben gar nichts! Jesus sagt uns: „Wer mir nachfolgen will, der nehme sein Kreuz auf sich!“

Aus Abeln, Reinhard: Wenn du meinst, es geht nicht mehr. Vom Umgang mit dem Leid. 2007. Topos plus Taschenbuch 618, Seite 7 bis 8.

Wenn Liebe Leiden schafft

Immer wieder erlebe ich verheiratete Personen, die sagen: „Wir haben doch aus Liebe geheiratet. Und jetzt scheint alles zu zerbrechen.“ Viele, die begeistert sind von ihrem Gefühl des Verliebtseins, können sich noch nicht vorstellen, wohin ihre Liebe sie führen wird. Es ist nicht nur die Alltagsroutine, es sind nicht nur zufällig einem über den Weg laufende andere interessante Menschen, die die Liebe in der eigenen Partnerschaft gefährden, es sind vor allem unbewusste Prozesse in unserer Seele, die uns in Krisen hineinführen. Diese „Steuerungsmechanismen“ unseres Unbewussten etwas zu durchschauen und die Aufgaben, die sie signalisieren zu erkennen und zu lösen, ist das Anliegen dieses Buches.

Es geht darum, unsere Wahrnehmungsfähigkeit für seelische Prozesse zu wecken und zu fördern. Es gibt dafür viele Möglichkeiten in unserer Zeit:

Ein Buch zu lesen, einen Selbsterfahrungskurs oder einen Partnerkurs zu besuchen, Vorträge zu entsprechenden Themen sich anzuhören, eine Familienaufstellung zu machen usw.

Es ist die Frage, wofür wir unsere Energien und einen Teil unserer Freizeit einsetzen, wofür wir unser Geld ausgeben und worauf wir unsere Aufmerksamkeit richten. Wie erzählte eine Frau, die vor kurzem mit Schrecken entdeckte, dass ihr Mann seit Langem eine Freundin hat und jetzt die Ehe in die Brüche zu gehen droht: „Mit wie viel Liebe, mit wie viel zeitlichem Engagement, mit wie viel Geld haben wir vor wenigen Jahren nach einem Umzug unsere Wohnung fast völlig neu eingerichtet. Welche Freude hatte ich daran und wie glücklich glaubte ich mich zusammen mit meinem Mann. Und jetzt könnte ich diese ganze Wohnungseinrichtung zusammenschlagen. Es hat alles keinen Wert mehr für mich."

Ich erzähle diese Geschichte gerne den jungen Paaren, die sich auf die Ehe vorbereiten und mit Begeisterung und viel Phantasie ihre Wohnung einrichten. Und frage sie, wie viel Zeit, Energie und Mühe sie aufwenden, sich selbst und ihren Partner, die Art ihrer Beziehung und die Kultur ihrer Kommunikation tiefer zu verstehen und weiterzuentwickeln. Denn so schön und wertvoll eine geschmackvoll eingerichtete Wohnung auch sein mag, viele vergessen leider dabei, ihr seelisches Haus kennen zu lernen, es gut zu ordnen und in rechter Weise darin zu wohnen und merken zu spät, dass sie in der Rangordnung der Werte und in der Rangordnung ihrer Engagements sich und ihre Liebe in die Wüste geführt haben.

Aus Hanglberger, Manfred: Wenn Liebe Leiden schafft.
Wege und Irrwege in der Partnerbeziehung. 2004.
Topos plus Taschenbuch 483, Seite 145 bis 146.

Vater, Sohn und Männlichkeit

Während Mutterschaft in der öffentlichen Meinung, in der Politik und allen Bereichen des Lebens ein fest etablierter kultureller Wert ist, kann dies in gleicher Weise nicht für Vaterschaft behauptet werden. Dies überrascht deshalb, weil vor nicht allzu langer Zeit die zentrale Einheit der Familie nicht die Mutter-Kind-, sondern die Vater-Kind-Beziehung bildete. Es bedarf demnach einer Neubewertung von Vaterschaft. Vaterschaft muss per se und nicht in Abhängigkeit von Mutterschaft als Wert betrachtet werden, der zudem unabhängig von den jeweiligen strukturellen Bedingungen gesehen werden muss, unter denen heute Vaterschaft gelebt wird. Mutterschaft und Vaterschaft als zwar unterschiedliche, aber gleichwertige Begriffe für gemeinsame elterliche Verantwortung anzusehen, stellt immer noch eine Herausforderung für Gesellschaft und Politik dar. Um dieses Ziel zu erreichen, wird eine Politik benötigt, die zu einer Umstrukturierung der traditionellen Männlichkeitsideologie und damit einhergehend der gesellschaftlichen Institutionen und ihres Verständnisses von Vaterschaft (und Mutterschaft) beitragen sollte.

Will man damit Ernst machen, dann würden Jungen im Sinne eines gleichberechtigten und ebenso verantwortungsvollen Umgangs für die Pflege und Erziehung von Kindern sozialisiert werden. Wenn die Vater-Kind-Beziehung unabhängig von der Mutter-Kind-Beziehung definiert würde, würde sich das positiv auf die väterliche Partizipation nach einer Scheidung auswirken. Vaterschaft als für sich gesehen schützenswertes Gut würde die Entwicklung unterschiedlicher Modelle einer verantwortungsvollen Vaterschaft unterstützen und fördern. Dadurch, dass wir zwischen den zwei Sphären „öffentlich/Arbeit/männlich" und „privat/Familie/weiblich" lange Zeit zu stark unterschieden haben, haben wir zu Entwicklungen im System Familie beigetragen, die Frauen überlastet und Männer diskriminiert haben, und dass eine Form des Familienlebens etabliert wurde, die von den meisten Frauen und Männern heute nicht mehr bejaht wird.

Aus Rohr, Richard / Fthenakis, Wasilios E. u. a.: Vater, Sohn und Männlichkeit. Wie der Mann zum Mann wird. 2008. topos taschenbuch 661, Seite 83 bis 84.

Das Schweigen der Väter

Immer mehr und vor allem junge Väter brechen das Schweigen. Man sieht sie in Schwangerschaftskursen, auf Spielplätzen und mit Kinderwagen. Ähnliches gilt für die Großväter, die zunehmend bei den Enkeln das nachholen, was sie bei ihren Kindern versäumt haben, und denen es sichtbar Spaß macht. Trotzdem ist das Schweigen der Väter immer noch groß aus vielen Gründen und auf vielen Ebenen: Es ist einmal das Schweigen jener Väter, die nach einer unmenschlichen Arbeitswoche kaputt und ausgelaugt heim zur Familie kommen und nun liebevolle Väter sein sollten. Sie würden es gern, aber sie können es nicht mehr.

Es ist das Schweigen jener Väter, die ohne gutes männliches Vorbild aufgewachsen sind und nie gelernt haben, mit Zärtlichkeit, Gefühlen, Spiel und Kindern umzugehen. Sie lieben stumm und hilflos, weil sie keinen Ausdruck finden.

Es ist das Schweigen jener Väter, die nicht die Kraft und Einsicht haben, sich in die Inszenierung von Mutter und Kind einzumischen. Sie glauben alsbald selbst, dass sie alles nur falsch machen und zur Kindererziehung nicht geeignet sind, und merken irgendwann, dass sie daheim nur noch eine Nebenrolle spielen und zunehmend verstummen.

Es ist sicher auch das Schweigen ignoranter Väter, die nicht wissen, wie wichtig sie wären, das Schweigen jener Väter, die sich selber auf Kinderzeugen und Geldverdienen reduzieren.

Und es sind auch jene Väter, die geschieden sind, die manchmal nur noch zahlen dürfen und sich dann wohl oder übel zurückziehen und verschwinden. Sie schweigen, aber sie leiden am schlechten Gewissen gegenüber den Kindern.

Aus Hofer, Markus: Kinder brauchen Väter.
Söhne und Töchter über ihre Väter. 2001.
Topos plus Taschenbuch 413, Seite 6 bis 7.

Toleranz, eine unterschätzte Tugend

Jeder Mensch steht irgendwann vor der Herausforderung durch Toleranz: Als Individuum und/oder als Mitglied einer bestimmten Gesellschaft in einer konkreten historischen Situation muss er sich entscheiden, wie er es mit dieser Tugend denn halten will. Nicht immer fällt die Antwort positiv aus. Oft werden Kraft und Konsequenzen der Toleranz unterschätzt.

Dennoch vermitteln Ergebnisse verschiedener Wissenschaften, wie Psychologie und Pädagogik, Kommunikationswissenschaft, Geschichte und Politikwissenschaft, wie Theologie im besonderen Maße unter der kritischen Begleitung philosophischer Reflexionen Anstöße zum persönlichen Handeln. Auch heute gilt noch: Nicht selten finden sich Menschen in ihrem Bemühen um Toleranz in der Minderheit; oft werden solche Aktivitäten kritisiert und abgelehnt, oder sie sind auch im Falle des Erfolgs nur von kurzer Dauer. Einzelpersonen, Gesellschaften, Völker und Regierungen sperren sich häufig gegen Toleranz. Es kommt auch vor, dass man sich mit (zu) wenig Toleranz zufrieden gibt.

Nun verspricht die Tugend der Toleranz kaum schnellen Erfolg; sie fordert den langen Atem und vor allem Vertrauen in eine Menschheit, die in ihrem Wesen auch dem Guten zugeneigt ist. Der spezifische Beitrag der Toleranz zur optimalen Gestaltung einer humanen Gesellschaft wird noch zu wenig erkannt und daher häufig unzureichend umgesetzt, so dass einzelne Personen oder gesellschaftliche Gruppierungen immer wieder zu der (falschen) Überzeugung kommen, man könne auf diese Art des Umgangs der Menschen verzichten. Kurzum: Toleranz erscheint vielfach als unterschätzte Tugend.

Es braucht also den Mut, anstelle des fixen und direkten Erfolges auf die langfristige Perspektive zu setzen. Visionen braucht das Land! Wäre das nicht die Chance für die Christen mit ihrer einmaligen Botschaft? Diese kann z. B. von einer Weltkirche wie der katholischen optimal in der Mikro-, Meso- und Makrodimension umgesetzt werden, beginnend mit jener Tugend der Toleranz, die sich als Nächstenliebe vollendet.

Auf die Frage nach der Tugend, nach dem optimalen Zusammenleben in einer Weltgesellschaft, muss die Antwort Toleranz lauten; und sie genügt auch, wenn die Dimension der aktiven Toleranz die eher passive Perspektive des (bestenfalls interessierten) Gewähren Lassens dominiert. Genauer: Wenn das spezifisch Christliche in diesem Handeln zur Wirkung gebracht wird. Die Betroffenen transzendieren die profane aktive Toleranz hin zur Sorge um den Anderen; sie nähern sich der christlichen Nächstenliebe. Sie werden einander zum Nächsten, wie es im Beispiel des NT der barmherzige Samariter vorgelebt hat.

Auf leisen Sohlen und in meist kleinen Schritten, nicht in großer Formation, kommt Toleranz durch Menschen zu den Menschen. Wegen dieser Eigenart, aber auch aus bequemer Trägheit des Geistes und als offensichtliche Folge oberflächlicher und unzureichender Praxis wird sie auch heute noch oft unterschätzt.

Aus Zillober, Konrad: Toleranz.
Vom Urvertrauen zur Konfliktfähigkeit. 2003.
Topos plus Taschenbuch 508, Seite 149 bis 150.

Für eine Zukunft in Partnerschaft

Die Tatsache, dass der Mensch als Wesen in zweifacher geschlechtlicher Ausprägung von Gott gewollt und geschaffen ist und dass Mann und Frau verschiedene, aber gleichwertige Weisen des Menschseins repräsentieren, macht deutlich, dass das angemessene Verhältnis der Geschlechter nur in der Partnerschaft bestehen kann. Partnerschaft bedeutet: Mann und Frau sind einander weder untergeordnet noch übergeordnet, noch sind sie miteinander identisch. Sie stehen sich vielmehr auf gleicher Höhe gegenüber und sind aufeinander verwiesen.

Diese gegenseitige Verwiesenheit fasst der zweite Schöpfungsbericht in das Wort, dass es für den Menschen nicht gut ist, allein zu bleiben. Er braucht – wie die korrekte Übersetzung des hebräischen Originaltexts lautet – „eine Hilfe wie ihm gegenüber". Der Mann braucht die Frau, weil er erst in ihr sein Gegenüber, seine wahre Entsprechung findet. Die Frau braucht den Mann, weil sie in ihm den Menschen findet, der ihr entspricht. Erst in der Offenheit füreinander und in der Kommunikation miteinander verwirklichen beide ihr Menschsein ganz. In diesen Prozess der Offenheit und Kommunikation werden Männer und Frauen ihre spezifischen Erfahrungen und Eigenheiten einbringen – worin immer auch die geschlechtlichen Eigentümlichkeiten konkret bestehen mögen.

Entscheidend ist nicht, wie Männer und Frauen an einem bestimmten Punkt der Geschichte ihr Mannsein und ihr Frausein im Einzelnen konkret leben, oder was die jeweilige Gesellschaft jeweils für typisch männlich und für typisch weiblich hält, entscheidend ist vielmehr, dass ihre Beziehung von gegenseitiger Achtung und Liebe geprägt ist, weil sie um Gleichwertigkeit und gegenseitige Verwiesenheit wissen.

Gott hat Männer und Frauen gemeinsam als seine Treuhänder in der Welt eingesetzt. Das bedeutet nicht nur, dass Männer und Frauen grundsätzlich alle Aufgaben gemeinsam und gleichberechtigt wahrnehmen sollen. Es bedeutet auch, dass beide gemeinsam in die Verantwortung vor Gott gestellt sind und dass beide gleichermaßen vom Versagen bedroht sind. Mann und Frau beziehen ihre gemeinsame Würde aus dem gemeinsamen Menschsein, das sich von allen anderen Formen des Lebens unterscheidet, weil allein der Mensch Bild Gottes ist, weil allein der Mensch zum Dialog mit Gott und in die Verantwortung vor Gott gerufen ist.

Je weiter sich der Mensch von Gott entfernt, desto stärker verdunkelt er seine Gottabbildhaftigkeit – im Extremfall bis zur Unkenntlichkeit, denn das Abbildsein ist zwar etwas, was dem Menschen gegeben ist, es muss aber immer wieder neu gelebt und verwirklicht werden. Umgekehrt wird der Mensch seiner Abbildhaftigkeit und seiner Würde umso gerechter, je deutlicher seine Verbundenheit mit Gott ist. Beides gilt für Frauen wie für Männer gleichermaßen.

Genau hier ist der Punkt, wo die Frau Maria in neuer Weise ins Spiel kommt: Nicht wegen der Art und Weise ihres Frausein, nicht wegen der Art und Weise, wie sie in einem bestimmten geschichtlichen und kulturellen Rahmen ihr Frausein gelebt hat, sondern als Mensch vor Gott, der durch seine Art zu glauben eine einzigartige Verbundenheit mit Gott vorgelebt hat. Maria wird nicht einseitig zum Vorbild der Frau oder gar zum weiblichen Ideal, sondern in ihrem exemplarischen Glauben zum bleibend gültigen Vorbild für Frauen und Männer. Sie ist ein Vorbild, das beide, Frauen und Männer, dazu aufruft, sich vertrauensvoll in die Hände Gottes fallen zu lassen und aus dieser Grundhaltung heraus ihr Leben gemeinsam zu gestalten – auch und gerade dort, wo wir in Gesellschaft und Kirche noch weit entfernt scheinen von einer Geschlechterbeziehung, wie Gott sie gewollt hat.

Aus Wagner, Marion: Für eine Zukunft in Partnerschaft.
Mann und Frau in christlicher Sicht. 2003.
Topos plus Taschenbuch 480, Seite 136 bis 139 (auszugsweise).

Wege zum Heil aus biblischer Sicht

Nach einer Definition der Weltgesundheitsorganisation (WHO) aus dem Jahre 1976 ist Gesundheit „der Zustand vollständigen physischen, geistigen und sozialen Wohlbefindens und nicht nur die Abwesenheit von Krankheit oder Schwäche." Ein Mangel der WHO-Definition liegt in ihrer einseitigen Entgegensetzung von Krankheit und Gesundheit sowie in den utopischen Forderungen an die staatliche Gesundheitspolitik, die sich in den industrialisierten Wohlstandsländern daraus ableiten lassen.

Demgegenüber betonen die anthropologische und die psychosomatische Medizin, dass Krankheit nicht nur als Unterbrechung der Gesundheit oder als ihr Verlust verstanden werden darf. Niemand ist vollständig gesund oder nur krank. Vielmehr gibt es zwischen Gesundheit und Krankheit einen Übergangsbereich, der das faktische Dasein der meisten Menschen bestimmt; in diesem Kontinuum spielen sich auch die ineinandergreifenden Prozesse von Erkrankung, Heilung und Genesung ab. Tatsächlich muss Gesundheit daher als die Fähigkeit verstanden werden, mit Einschränkungen und Verletzungen leben und den eigenen Aufgaben in Familie und Beruf unter Belastungen nachgehen zu können. Eine Besonderheit der anthropologischen Medizin liegt darin, dass sie Gesundheit und Krankheit als unterschiedliche Etappen auf dem Lebensweg des Menschen versteht, die an einem transzendenten Ziel ausgerichtet sind und somit zu einem religiösen Verständnis seines Daseins führen können.

In Theologie und Bibelauslegung zeigen sich von der anderen Seite her Anknüpfungspunkte für das Gespräch mit dem medizinischen Denken der Gegenwart. Sie greifen dazu vor allem auf die Symbolik des Alten Testaments zurück, in der das dem Menschen verheißene Heil in konkreten, der Sphäre des diesseitigen Lebens entnommenen Bildern als Befreiung aus Gefahr, als Rettung aus Todesangst und als langes Leben, Gesundheit und Ansehen beschrieben wird. Auch im Neuen Bund äußert sich die von Jesus proklamierte und in seinem Auftreten anbrechende Gottesherrschaft in der Überwindung von physischen und seelischen Leiden aller Art. Die Wundertaten Jesu sind keine bildhaften Hinzufügungen zur eigentlichen Heilsbotschaft der Reich-Gottes-Predigt, sondern sie sind selbst das Zeichen für den Anbruch einer neuen Heilszeit. Das Heil, zu dem Jesus den Menschen befreit, hat also eine konkret-erfahrbare Seite, auch wenn seine Wunder über den körperlichen Heilungseffekt hinaus ein Sinnüberschuss als zeichenhafte Vorwegnahme der endgültigen Befreiung des Menschen aus Sünde, Todesverfallenheit und Gottesferne zukommt. Ewiges Heil und irdisches Wohlergehen sind insofern nicht voneinander zu trennen, jedoch gleichwohl zu unterscheiden.

Das in den Gleichnissen Jesu beschriebene Heil besteht seinem Wesen nach in der Teilhabe am Sein Gottes, im Heilwerden menschlichen Beziehungen und in der Fähigkeit zu lieben und geliebt zu werden. Aus der Hoffnung auf umfassendes Heil kann eine nüchterne Einstellung zum irdischen Leben erwachsen, das stets durch das Beieinander von Freude und Leid, Gesundheit und Krankheit, Aktivsein und Ertragenmüssen geprägt ist. Sogar der Gegensatz von Gesundheit und Krankheit wird im Licht der bedingungslosen Annahme des Menschen durch Gott relativiert, denn Beziehung und Liebe können auch in Leid und Krankheit gelebt werden. Gesundheit, Krankheit und Heilung stehen so unter einem gemeinsamen Vorzeichen: Aus biblischer Sicht erscheinen sie als Wege zum Heil, über denen die Gewissheit steht, dass keine menschliche Situation so ausweglos ist, das sie von der Liebe Gottes und der Liebe der Menschen trennen kann. Selbst unheilbare Krankheit, Sterben und Tod erscheinen in dieser Perspektive als ein in aller Bedrängnis auch trostvoller Übergang zu dem unzerstörbaren Leben, das keinen Tod mehr kennt.

Aus Schockenhoff, Eberhard: Krankheit – Gesundheit – Heilung. Wege zum Heil aus biblischer Sicht. 2001.
Topos plus Taschenbuch 406, Seite 160 bis 162.

Wenn es um Gesundheit geht – Hildegard von Bingen Gemeinschaft und ganzheitliches Leben

In unserer Zeit der unaufhörlichen Spezialisierung ist eine den ganzen Menschen erfassende Lebensausrichtung von entscheidender Bedeutung. Diese muss sowohl unsere Gedankenwelt, Herz und Gefühle, als auch unseren Leib mit all seinen Bedürfnissen einbeziehen. Aufgabe und Ziel einer gesunden, befreienden Spiritualität sollte unsere Lebendigkeit sein: die Lust und Freude am Lehen, die viriditas, wie Hildegard zusammenfassend sagen würde. Hildegard vertrat keine weltfremde, abgehobene, Frömmigkeit. Sie war durch und durch Realistin, die sich den Zeichen der Zeit und den Ansprüchen ihrer Berufung als Prophetin und Ordensvorsteherin nicht verschloss. Hildegard ist überzeugt, dass die ganze Welt in den Heilsplan Gottes einbezogen sein will. Von dieser universalen Heilsgewissheit leitet sich für jeden Menschen sowohl ein ökologischer als auch ein politischer Auftrag ab: sich für ein gerechteres, menschenwürdiges Miteinander im Einklang mit der Schöpfung einzusetzen. Glaube und Leben sind keine Privatsache. Wir alle sind durch ein Netz gegenseitiger Verantwortung und Solidarität verbunden. Theologie und Lebenskunde der weltoffenen Benediktinerin haben auch für den heutigen Menschen befreienden Charakter: Hildegard erinnert uns an unsere Würde und Erlösung. Wir sind aufgerufen, uns im Hier und Jetzt zu entfalten und das Leben mehr und mehr zu feiern.

Das Heilige ereignet sich Hildegard zufolge im Dienst am anderen. Ganzheitlichkeit hat demnach entscheidend mit Gemeinschaft, im Konkreten mit Kirche, zu tun. Jeder muss und darf sich ganz einbringen, um seinen spezifischen Beitrag am Heilswerk Gottes zu leisten. Unsere gegenseitige Verbundenheit geht so weit, dass wir aus dem geistlichen

Schatz und den „Verdiensten" von Welt und Kirche je nach Bedarf schöpfen können. Anhand eines beeindruckenden Vorfalls bezeugt Hildegard die Wirkmacht von gemeinschaftlichem Gebet, Fasten und guten Werken: Nachdem sich etliche Klöster und Geistliche jahrelang vergeblich bemüht hatten, eine von einem „unreinen Geist" geplagte Frau zu befreien, brachte man sie schließlich zu Hildegard. Nach einigen Wochen, die sie im Kloster der Benediktinerin verbracht hatte, wurde die Frau während der Karsamstag-Liturgie endgültig geheilt und von ihren dämonischen Qualen erlöst. Hildegards Biographen zufolge hat die „Posaune Gottes" zusammen mit den anderen Nonnen – bei diesem Heilungswunder einen entscheidenden Beitrag geleistet. Die mysteriöse und kräfteraubende Befreiung endete für Hildegard selbst in einer mehr als vierzig Tage und Nächte dauernden Krankheit, von der sie sich nur schwer erholte.

Trotz ihrer besonderen Stellung und ihrer herausragenden Begabung fühlte sich Hildegard nicht als Einzelkämpferin auf dem Weg zu Gott und einer heileren Welt. In ihrer Einmaligkeit war sie eingebunden in eine Gemeinschaft von Glaubensgefährtinnen, den rheinischen Benediktinerinnen. Hier wusste sich die Heilige mitgetragen und beheimatet, was ihr vor allem während ihrer Krankheitsphasen und ihrer zum Teil schweren Bedrängnisse ein Gefühl von Schutz und Geborgenheit vermittelte. Die Ordensfrauen waren durch den Geist Gottes in geschwisterlicher Zuneigung miteinander verbunden. Zentrum ihres Lebens und ihres Zusammenseins war die gemeinschaftsstiftende Liebe des dreifaltigen Gottes.

Aus Klammer, Ursula: Hildegard von Bingen.
Wenn es um Gesundheit geht. 2. Auflage 2009.
topos taschenbuch 374, Seite 109 bis 111.

Über das Atmen der Seele: Spiritualität, Gebet und Meditation

Der betende Mensch

Uralt ist das Beten des Menschen. Es gehört zum Elementarsten seines Lebens wie das Atmen und Denken, das Reden und Tun, das Essen und Trinken, Schlafen und Wachen, Arbeiten und Spielen. Weil sich darin das innerste Wesen des Menschen ausdrückt, kann man Beten auch „Atmen der Seele" nennen.

Der Mensch kann Wochen lang ohne Nahrung auskommen, Tage lang ohne Trinken, aber nur wenige Minuten lang ohne Atmen ... Durch sein Atmen befindet sich der Mensch in einem ständigen lebensnotwendigen Austausch, ohne den er in kürzester Zeit ersticken würde.

Doch nicht nur der Körper, auch die Seele des Menschen braucht einen regelmäßigen Austausch, ein periodisches „Atmen". Der geistige Erstickungstod droht jedem, der nicht in irgendeiner Art und Weise betet, sich dabei von unverträglichen Gefühlen, belastenden Gedanken und unverdaulichen Erlebnissen (wie Angst und Sorge) befreit, und den göttlichen Atem als helfende, heilende, erhebende Kraft ersehnt. Dankbar saugt er ihn ein und weiß sich dadurch geborgen und getragen von einer absoluten Macht, die seine Seele zum Existieren braucht. ...

Diese Vielschichtigkeit merkt man auch, wenn man nicht nur vertraute Gebete, mit denen man groß geworden ist, betrachtet, sondern auch Gebetstexte verschiedener Völker, Kulturen und Epochen der Menschheitsgeschichte miteinander vergleicht. Schnell wird klar, dass das Beten insgesamt ein weites Land ist. Es hat – wie alle Geschehnisse im Menschenleben – jeweils eine eigene Entstehungs- und

Entwicklungsgeschichte, eine eigene Tradition, und das in einer ungeheuren kulturellen Vielfalt.

Aus Hierzenberger, Gottfried / Rosenthal, Jos: Der betende Mensch. Kleine Kultur- und Geistesgeschichte des Betens. 2005. Topos plus Taschenbuch 569, Seite 14.

Was ist nicht alles „spirituell"!

Die Worte „Spiritualität" und „spirituell" sind heute fast in aller Mund. Nur wenigen ist bewusst, dass diese Begriffe erst zu Anfang der sechziger Jahre im Deutschen heimisch geworden sind, übernommen aus dem Französischen. Aber in den letzten fünfzehn bis zwanzig Jahren ist „Spiritualität" fast ein Modewort geworden. Allerdings ist mit der Häufigkeit der Verwendung auch die inhaltliche Bestimmtheit undeutlicher geworden. Man kann Christoph Benke nur zustimmen, wenn er Spiritualität als „Containerbegriff" bezeichnet, „als eine unbestimmte Chiffre zur Bezeichnung höchst disparater Angebote, Übungen, Traditionen, Zustände, Gefühle und Wirklichkeitsdeutungen."

Spiritualität in diesem weitgefassten Sinn hat gerade zu Beginn des 21. Jahrhunderts Hochkonjunktur – allerdings eher außerhalb der institutionalisierten christlichen Kirchen. Man kann in diesem Zusammenhang von einer „streunenden Spiritualität" sprechen, die zwar offen für Neues ist, aber als religiöses Nomadentum tendenziell an keinem Ort länger verweilen will. Charakteristisch sind einerseits die weitgehende Privatisierung dieses spirituellen Suchens, die Individualisierung und auch die Veränderungsbereitschaft; anderseits ist als Gegenbewegung auch eine Deprivatisierung wahrzunehmen, eine zunehmende Ausprägung von Sozialformen.

Man kann diese spirituellen Sehnsüchte, Bedürfnisse und Motivationen der Menschen in sieben Hauptdimensionen auffächern:

Erstens: Das hervorstechendste Moment dieser spirituellen Suchbewegung ist die Reise zu sich selbst; dieses Motiv dominiert auch die anderen Dimensionen. Es geht um das Suchen nach Gleichgewicht, nach Harmonie und Lebensqualität. Grundanliegen ist die Selbstfindung. In diese Sparte gehören z. B. Yoga- und Zenmeditationen, aber auch Strebungen, das körperliche Wohlbefinden zu steigern.

Zweitens: Die Dimension Verzauberung ist auf das Staunen ausgerichtet. Man strebt besondere Erlebnisse und außergewöhnliche Erfahrungen an. Dazu gehört auch die Sehnsucht nach Wundern, nach sinnlich wahrnehmbaren Zeichen, die „nicht von dieser Welt sind".

Drittens: Am Beginn der spirituellen Suche kann die Sehnsucht nach Heilung stehen. Zu diesen Heilswegen zählt auch ein Großteil der „alternativen Medizin". Angestrebt werden dabei ja nicht nur körperliche und seelische Gesundheit, sondern auch spirituelle Erneuerung. Die Zielbilder kann man mit den Begriffen Vollkommenheit und Unsterblichkeit zusammenfassen.

Viertens: Die Dimension der Festigkeit artikuliert das Streben nach Halt im Leben, nach Orientierung und Gewissheit. Dazu sollen Rituale helfen und diverse Formen von Lebensberatung. Auch die Begegnung mit einem spirituellen Meister, einem Guru, kann dabei eine wichtige Rolle spielen. Es geht um Sinnsuche, um Verankerung und Eingebundensein in ein größeres Ganzes, das Verlässlichkeit und Gewissheit schenkt.

Fünftens: Spirituelle Menschen suchen auch nach Beziehung und Gemeinschaft mit anderen. Dabei werden hohe Ansprüche gestellt; man kann in diesem Zusammenhang von einer „Ethik der Liebe" sprechen. In diese Dimension gehören spirituelle Netzwerke und verschiedene Formen von Vergemeinschaftung. Gesucht werden eine spirituelle Beheimatung, Wärme und Geborgenheit.

Sechstens: Eine andere Dimension heutiger spiritueller Suchbewegungen kann man als Reise in die Weite beschreiben. In diese Sparte gehört auch die Wallfahrtsbewegung der letzten Jahre, die ja nicht nur religiöse Motive im engeren Sinn hat. Im physischen Unterwegssein kommt das Streben nach Tieferem, Höherem, Weiterem zum Ausdruck. Diese Reise kann sich auch virtuellen Welten zuwenden. Entscheidend ist aber immer das spirituelle Unterwegssein zu Transzendenz-Erfahrungen, die zu Erwachen und Erleuchtung führen.

Siebentes: Die Suche nach einem neuen Weltverhältnis ist eine weitere Dimension des gegenwärtigen Spiritualitätsbooms. Menschsein ist ja wesentlich „In-der-Welt-Sein". Konkret begegnet man bisweilen einer negativen Einstellung in Form einer Weltflucht. Zumeist geht es aber um eine Zukunftsperspektive, um ein von Verantwortung und Solidarität geprägtes Weltverhältnis, um die Vision von einem neuen Menschen, der in Frieden, Freiheit und Selbstverantwortung sein Leben in dieser Welt gestaltet.

Wie ist diese „zeitgenössische" Spiritualität zu bewerten? Gesucht wird ja letztlich das heile und ganze Menschsein, das Übersteigen des „Sichtbaren und Machbaren", der tiefe Sinn des Daseins. Die oft von Soziologen vorgetragenen Prognosen eines allmählichen Verschwindens der Religion im Säkularisierungsprozess haben sich offensichtlich nicht bewahrheitet. „Kein Soziologe vertritt noch die Pauschalbehauptung, dass die Zeit der Religion abgelaufen ist, so dass man über sie am besten im Stile eines Nachrufes reden sollte oder – je nach dem Grad der persönlichen Betroffenheit – die Totenklage anzustimmen habe. Aber die Prognose vom Comeback der Religion könnte ebenso voreilig sein."

Damit sind schon verschiedene Interpretationsrichtungen dieses Phänomens der „zeitgenössischen Spiritualität" angedeutet: Eine erste Deutungsrichtung sieht darin eine Dispersion, eine Zerstreuung des Religiösen. Das Religiöse wird in nicht-religiöse Segmente der modernen Kultur ausgesiedelt, Glaubensinhalte unterschiedlicher Herkunft werden durchmischt, neue religiöse Nachfrageformen bilden sich heraus, die sich mit anderen Mustern der Daseinsvergewisserung und Lebensführung verbinden. Eine zweite Deutung sieht in den zeitgenössischen spirituellen Suchbewegungen Anzeichen einer Respiritualisierung, Hinweise auf einen Megatrend Spiritualität.

Dieses große Feld spirituellen Suchens und spiritueller Angebote stellt zweifellos eine Herausforderung für die christlichen Kirchen dar. Es sollte zur Besinnung auf die eigene christliche Spiritualität führen. Dabei sollte versucht werden, Brücken zu bauen, anderseits sind aber auch klare Grenzen zu ziehen. Nicht wenige Elemente dieser spirituellen Phänomene sind ja Bruchstücke, verstreute Samenkörner aus der christlichen Tradition, aber oft in einem verfremdeten Kontext. Eine verstärkte Besinnung auf die genuin christliche Spiritualität, auf das eigene spirituelle Erbe ist das Gebot der Stunde.

Aus Weismayer, Josef: Leben aus dem Geist Jesu.
Grundzüge geistlicher Spiritualität. 2007.
Topos plus Taschenbuch 611, Seite 16 bis 19 (bearbeitet).

Christliche Mystik

Die Wurzeln christlicher Mystik liegen zum einen in der antiken griechischen Philosophie begründet, zum anderen in jüdischen Traditionen und in der neutestamentlichen Überlieferung. Bereits Platon schildert etwa im Symposion oder im Siebenten Brief den vom Eros geführten Aufstieg zur Erkenntnis der Wahrheit in kontemplativer Schau des Schönen, Wahren und Guten. Die Neuplatoniker Plotin und Proklos erweitern die Platonische Lehre durch Reflexionen zur Erkenntnis des Einen im Rückgang ins eigene Innere, wo das „Eine in uns" als Abglanz des Einen geschaut werden kann.

In der jüdischen Tradition finden sich neben Visionserzählungen im Rahmen apokalyptischer Eschatologie und der Brautmetaphorik des Hohenliedes für das Gott-Mensch-Verhältnis vor allem im hellenistischen Judentum Elemente, die für die christliche Mystik wichtig geworden sind: die Vision als Offenbarung des göttlichen Willens oder göttlicher Macht.

Hinsichtlich der neutestamentlichen Überlieferung sind die Seligpreisung derjenigen, die Gott schauen (Mt 5,8) ebenso zu erwähnen wie die Maria-und-Martha-Erzählung (Lk 10,38–42), wobei in der christlichen Tradition Maria als Metapher für die vita contemplativa, Martha für die vita activa verwendet wurde. Die johanneische Tradition wurde durch ihre Kennzeichnung Gottes als Liebe (1 Joh 4,8), durch die Logosspekulation im Johannesprolog (Einwohnen und Menschwerden des göttlichen Wortes) und durch die christozentrische Ausrichtung der Gotteserkenntnis (Joh 14,6) für die Mystik bedeutsam. Ebenso einflussreich ist die paulinische Tradition mit der Erzählung von der Entrückung (raptus, ekstasis) des Paulus „in den dritten Himmel" (2 Kor 12,1–6) geworden sowie das „Damaskuserlebnis" und Paulus Lobpreis der Liebe in 1 Kor 13.

Die Kirchenväter falten diese Traditionen weiter aus, wobei auf lateinischer Seite insbesondere Augustinus zu nennen ist, der zum einen selbst eine mystische Schau schildert, und zum anderen in seinen Trinitätsspekulationen sowie in seinen Reflexionen zu Christus als dem „inneren Lehrer" die Lehre von der Einwohnung des göttlichen Wortes im obersten Teil der Seele (der memoria) aufgreift.

Die monastische Theologie ist ein wichtiger Ursprungsort affektiver Mystik, vor allem die zisterziensische Theologie in der Nachfolge von Bernhard von Clairvaux entwickelt eine reiche Tradition an Braut- und Liebesmystik mit ihrem charakteristischen Stufenschema des ekstatischen

Aufstiegs zu Gott in der Liebe. Aber auch in der franziskanischen Theologie gibt es Mystik, etwa das „Pilgerbuch der Seele zu Gott“ Bonaventuras.

Die Hochzeit christlicher Mystik des Mittelalters liegt zweifelsohne im 13. und 14. Jh. Zum einen ist das Aufkommen der so genannten „Frauenmystik“ in den Klöstern und in der Beginenbewegung zu erwähnen, im altdeutschen Raum vor allem die Mystikerinnen von Helfta.

Dass die Mystik keineswegs, wie häufig vermutet, eine Gegenbewegung zur Scholastik ist, sondern auch durch scholastischen Richtungen beeinflusst ist, zeigen zum einen die spekulativen Mystiken Meister Eckharts und seiner Schüler Heinrich Seuse und Johannes Tauler. Zum anderen finden sich in den Werken bekannter Scholastiker wie Albertus Magnus, Thomas von Aquin und nicht zuletzt bei Nikolaus Cusanus auch mystische Motive, so z. B. Überlegungen zur visio beatifica bzw. visio dei oder zum Einwohnen Gottes im menschlichen Intellekt als Teil bzw. Grund der Seele.

Auch im Spätmittelalter gibt es bedeutende Mystikerinnen und Mystiker, so z. B. die spekulativen Mystiken Caterinas von Siena und Teresas von Avila und die Mystik des Johannes vom Kreuz, in deren Mittelpunkt die „Gottesnacht“ und die „dunkle“ Seite Gottes steht.

Danach scheint es um die christliche Mystik etwas stiller zu werden; die Reformation steht der Mystik mehrheitlich skeptisch bis ablehnend gegenüber, bringt aber doch so einen bedeutenden spekulativen Mystiker wie Jacob Böhme hervor. Auf katholischer Seite können die geistlichen Werke des Ignatius von Loyola auch als mystische Werke gelesen werden. Doch die Mystik ist mit dem Mittelalter nicht an ihr Ende gekommen: Nach dem vor allem durch Eckhart geprägten Barockmystiker Angelus Silesius ist eine Verlagerung der Mystik in andere Bereiche zu verzeichnen, insbesondere in die Philosophie: Das philosophische Denken Baruch de Spinozas besitzt ebenso mystische Elemente wie etwa dasjenige von Johann Gottlieb Fichte oder Friedrich Wilhelm Schelling.

Mit der Romantik kommt die Mystik auch in der Literatur zum Tragen, wobei hier Motive christlicher Mystik mit Naturmystik verschmolzen werden. Diese Verlagerung der Mystik in die Literatur ist das Kennzeichen moderner Mystik. So können beispielsweise Rainer Maria Rilke, Simone Weil oder Dag Hammarskjöld als Mystiker bezeichnet werden, die versuchen, Mystik mit dem Denken der Moderne zu verbinden. Hammarskjöld ist ebenfalls ein Beispiel für die Verknüpfung von mystischer Lebensform und politischem Engagement, eine Verbindung, die dann wieder z. B. bei Thomas Merton zum Tragen kommt.

Aus Wendel, Saskia: Christliche Mystik. Eine Einführung. 2004. Topos plus Taschenbuch 524, Seite 120 bis 123 (gestrafft).

Über die religiöse Sprache

Die religiöse Sprache, wie sie in unserer Zeit gebraucht wird, verelendet kontinuierlich. Kaum neue Impulse, kaum wegweisende Anstöße. Der religiöse Sprachgebrauch verharrt im Traditionellen. Im Grunde gibt es nur noch ein religiöses Vokabular, das in selbstverständlicher Weise unkritisch verwandt wird. Dies gilt für das Sprechen über Religion im allgemeinen und insbesondere auch über das Christentum. Man braucht nur die übliche kirchliche Gebetspraxis zu analysieren. Dieser Zustand dauert schon lange an, wird auch allgemein wahrgenommen, ohne dass Abhilfe geschieht.

Die Sprachprobleme sind zunächst inhaltlicher Art: Herkömmliche Frömmigkeit, Verkitschung von christlichen Vorstellungen, religiöse Realitätsferne. Vor allem aber formaler Art. Leere Floskeln, allgemeine Phrasen, stereotype Wendungen und Wiederholungen, inhaltslose Aussagen, Übertreibungen, gefühlsmäßige Überlagerungen.

Besonders gravierend die literarische Verelendung. Die religiösen Bilder sind kraftlos, der Tonfall ist allzu bekannt. Form und Inhalt fallen auseinander. Die im Literarischen mögliche Modernität kommt nicht zum Zuge. Die religiöse Sprache berücksichtigt nicht den gegenwärtigen Säkularisierungsprozess, bietet nicht genügend Widerstand gegen die allgemeine Profanisierung. Authentizität und Glaubwürdigkeit sind für das religiöse Sprechen notwendig.

Mit der Einführung der Volkssprache in die Liturgie nach dem Zweiten Vatikanischen Konzil wurde der Wille zu einer zeitgemäßen Modernität zwar äußerlich bezeugt, aber nicht begriffen, dass es noch keine entsprechenden neuen Texte gab. Der Nachholbedarf wurde nicht aufgearbeitet.

Aus Gössmann, Wilhelm: Ohne Religion kein Beten?
Gebete – Reflexionen – Verinnerlichen. 2008.
topos taschenbuch 656, Seite 104.

Und haben nur einen Sinn, wenn wir brennen

Jesus Christus sagte:
„Wer sein Leben bewahren will, wird es verlieren,
und wer es für mich hingibt,
wird es im ewigen Leben gewinnen."

Aber uns macht es Angst,
das Leben hinzugeben, es einzusetzen ohne Vorbehalt.
Ein schrecklicher Selbsterhaltungstrieb
macht uns zu Egoisten
und bedroht uns mit glühenden Zangen,
wenn wir unser Leben einsetzen wollen.
Für alles haben wir Versicherungen,
um jedes Risiko zu vermeiden.
Und über allem steht die Feigheit …

Jesus Christus,
wir haben Angst, das Leben hinzugeben.
Aber du hast uns das Leben geschenkt, um es hinzugeben.
Man kann es nicht in sterilem Egoismus aufbewahren.

Das Leben hingeben heißt für die andern arbeiten,
auch wenn sie nicht bezahlen,
einem einen Gefallen tun, den er nicht zurückgibt.
Das Leben hingeben heißt auch sich in einen Misserfolg stürzen,
wenn nötig ohne falsche Vorsicht
die eigenen Schiffe verbrennen zum Wohl des Nächsten.

Wir sind Fackeln
und haben nur einen Sinn,
wenn wir brennen,
nur dann werden wir Licht sein.

Befreie uns von der feigen Vorsicht,
die uns das Opfer meiden
und die Sicherheit suchen lässt.

Das Leben gibt man
nicht mit großspurigen Gesten
und falscher Theatralik hin.
Das Leben gibt sich schlicht,
ohne Werbung, wie das Wasser den Abhang hinunterfließt,
wie die Mutter ihrem Säugling die Brust gibt,
wie der gewöhnliche Schweiß des Sämanns.

Lehre, Gott,
uns ins Unmögliche zu werfen,
denn hinter dem Unmöglichen
ist deine Gnade und Gegenwart.
Wir können nicht ins Leere fallen.

Die Zukunft ist ein Rätsel,
unser Weg verliert sich im Nebel,
aber wir wollen ihn gehen und uns hingeben,
weil du wartest in der Nacht
mit tausend Menschenaugen,
die von Tränen überlaufen.

Aus Espinal, Luis: Und haben nur einen Sinn, wenn wir brennen. Gebete hautnah. 2008, Topos plus Taschenbuch 649, Seite 25 bis 26.

Ostermorgen

Mir ist ein Stein
vom Herzen genommen:
meine Hoffnung
die ich begrub
ist auferstanden
wie er gesagt hat
er lebt er lebt
er geht mir voraus!

Ich fragte:
Wer wird mir
den Stein wegwälzen
von dem Grab
meiner Hoffnung
den Stein
von meinem Herzen
diesen schweren Stein?

Mir ist ein Stein
vom Herzen genommen:
meine Hoffnung
die ich begrub

ist auferstanden
wie er gesagt hat
er lebt er lebt
er geht mir voraus!

Aus Zenetti, Lothar: Auf seiner Spur.
Texte gläubiger Zuversicht. 3. Auflage 2002.
Topos plus Taschenbuch 327, Seite 157.

Die Beichte

Beichten im Blick auf des Kyrios Wiederkunft ist einfach. Bereit sein, wachen, erwarten, glauben, hoffen. Da sieht man leicht, was zu sagen ist. Ich fand, die Kurzformel „Leben im Jetzt“ sei die Gewissensfrage. Denn da ist die Offenheit dem immerwährenden Kommen und Dasein des Kyrios gegeben. Wozu sonst im Augenblick leben, wenn dieser Augenblick nicht Ort seiner immer kommenden Gegenwärtigkeit ist? Ist er es nicht, sehe ich den Sinn dieser geistlichen Übung nicht ein. Genau hier aber stelle ich mein ewiges chronisches „Draußenherumlaufen“ fest, von dem unsere Regel, die des heiligen Benedikt, behauptet, es sei dem „Mönch durchaus nicht zuträglich“. Kyrios, immer wenn du kommst, bin ich nicht zu Hause. Zu meinem Erstaunen schaltet sich Pater Adrian hier ein mit der lächelnden Erklärung, das sei auch sein Problem.

Wir sprachen dann noch eine Weile darüber. Es ist schön, wenn der „Beichtvater“ sich mit dem „Beichtkind“ solidarisiert oder gar identifiziert.

Aus Walter, Silja (OSB): Die Beichte im Zeichen des Fisches.
Ein geistliches Tagebuch. Mit einem Vorwort von Abt
Christian Schütz und Begleitbriefen von Ulrike Wolitz. 2005.
Topos plus Taschenbuch 558, Seite 203.

„Die heimlichen Hauptstädte der Christenheit“

In den unterschiedlichen Religionen gibt es Orte, an denen sich Menschen dem göttlichen Geheimnis besonders nahe glauben und zu denen sie sich auf den Weg machen. Das war nicht nur in der Vergangenheit so. Auch in unseren Tagen nehmen viele an einer Wallfahrt teil.

Die christliche Wallfahrt gibt es etwa seit dem 4.Jahrhundert. Pilgerfahrten führten in das Land, in dem Jesus geboren wurde, wo er gewirkt und sein irdisches Leben beendet hat; außerdem wurden die Gräber der Apostel, der Märtyrer und später anderer Heiliger aufgesucht. Besonders im Mittelalter nahmen Wallfahrten zu Orten stark zu, an denen Reliquien verehrt wurden. Es waren vor allen Dingen Reliquien des Kreuzes Christi, die Pilger aus Jerusalem in ihre Heimat mitgebracht hatten.

In unseren Tagen sind die Wallfahrtsorte am zahlreichsten, an denen Bilder der Heiligen, besonders der Gottesmutter Maria, verehrt werden. Als Kultbilder gibt es sie erst seit dem späten Mittelalter in der westlichen Kirche. Auch die Form der Wallfahrten hat eine Entwicklung durchgemacht. Waren es zunächst Einzelpilger, die sich manchmal für Jahre auf eine Wallfahrt begaben und dann auch zum Schutz zu kleineren Gruppen zusammenschlossen, so gibt es seit der Zeit der Gegenreformation große Wallfahrtszüge. In jüngerer Zeit benutzt man zudem moderne Verkehrsmittel wie den Zug, den Bus und das Flugzeug. Dadurch wird auch denjenigen die Wallfahrt zu einem weit entfernten Ort ermöglicht, die sonst nicht dazu in der Lage waren, besonders Kranken und Alten.

Ungebrochen ist die Wallfahrt selbst in unserer Zeit, in der die kirchliche Praxis vieler Christen abnimmt; hervorzuheben sind hier besonders die Fußwallfahrt oder die Wallfahrt mit dem Fahrrad als eine Form der Volksfrömmigkeit. Größere und auch kleinere Wallfahrtsstätten berichten von wachsenden Zahlen, vor allen Dingen bei jungen Wallfahrern. Konrad Adenauer, der erste Bundeskanzler der Nachkriegszeit, hatte recht, wenn er diese Orte als „die heimlichen Hauptstädte der Christenheit" bezeichnete.

Aus Mielenbrink, Egon: Wallfahrtsorte – Stätten des Gebets. 2006. Topos plus Taschenbuch 582, Seite 7 bis 8 (gestrafft).

Mensch werden

Den Sinn seines Lebens zu finden, sich zu bemühen, im Sinne seines Auftrags zu wirken, alles zu verwirklichen, was damit verbunden ist, das bedeutet auch seiner selbst und Gottes bewusst zu sein. Auch das ist Beten: Beten für sich, aber auch für unsere Nächsten, die wir leibhaftig im Leben treffen, trotz der absoluten Unfähigkeit, ihnen in den wesentlichen Dingen helfen zu können.

Jeder möge unbehelligt
und unbeirrbar in der Treue zu sich selbst
seinen Weg gehen.

Abschied und Trennung,
Loslassen und losgelassen immer wieder.

Ferne und Freiheit,
allein, dem Schicksal gegenüber.

Stillschweigen und Geduld
bei demjenigen, der sich seiner bewusst ist,
der aber in der Reinheit der Stille zu hoffen weiß.

Weichheit und Zähigkeit
quer durch Zeit und Orte,
in Zielstrebigkeit seinen Weg verfolgen.

Erwartung einer Gegenwart,
in der jeder er selbst ist
mit seinem ganzen Wollen.

Suche nach dem Licht, das erfüllt,
in der Vollkommenheit des Geistes.

In der menschlichen Einsamkeit
Sammlung statt Taumeln in der Leere.

Gebet in der Schlichtheit des Glaubens
vor Gott, dem Unfassbaren.

Jedes Wirken ist mit Gefahren verbunden,
je gewichtiger das Wirken, desto größer die Gefahr.

Jedes Leben ist schwierig für den,
der beständig sein will,
besonders, wenn es lange währt.

Jeder möge sich sammeln
über Zeit und Ort hinweg,
in sich und vor Gott.

Alles, was der Mensch errichtet,
ist zerbrechlich und flüchtig,
denn es muss schließlich vergehen.
Dahinter verbirgt sich ein geheimer Mangel.

Alles Leben muss enden,
dem Tod folgend,
die Häuser der Lebenden
verfallen zu Trümmern.

Aus Légaut, Marcel: Mensch werden. Gebete. 2002.
Topos plus Taschenbuch 452, Seite 37 bis 42 (auszugsweise).

Tastende Gebete

Jesus

Was hat er eigentlich getan?
Er hat sich um die Verachteten gekümmert.
Ausgerechnet zu denen hat er sich gesetzt,
über die man die Nase rümpfte,
die nicht gesellschaftsfähig waren.
Er hat sie von der Sinnlosigkeit befreit,
sie sollten die Hoffnung wieder lernen:
„Ihr seid mir wichtig! Ich stehe zu euch!"

Er hat ihnen gezeigt, wie sie in der Welt leben sollen.
Der Zauberbann der Magie kann nicht weiterhelfen.
Das sklavische Kleben an Vorschriften vermittelt kein Leben.

Wer sich unter die Macht der Herrschenden duckt,
wird nicht frei.
Enttäuscht wird, wer auf die Demagogen setzt.
Die starren Autoritäten sollte man kühn auf die Seite rücken.
Und die Traditionen sind erst dann hilfreich, wenn sie uns nicht eine Zentnerlast aufladen.

Mit seinen Freunden kam er zusammen.
Er aß mit ihnen und trank mit ihnen.
Sie wollten einander kennen lernen und annehmen.
Feste sollten sie feiern und Freunde werden.
Eine neue Sprache kam auf,
die Verständigung möglich machte;
überall in der Welt herrschen Barrieren,
Grenzen und Mauern:
was getrennt ist, soll zusammenfinden.

Von Jesus angesprochen, fragen wir uns:
Wie können wir gesund werden?

Wie können wir unsere Ängste überwinden?
Wie können wir frei werden von Schuld?
Wo können wir Freude erleben, die ansteckend wirkt?

Jesus ist kein Sieger.
Er ist unterlegen,
weil er nicht die gleichen Mittel verwendete,
die seine Widersacher benutzten.
Wehrlos setzte er sich der Gewalt aus,
bis heute provozieren uns seine Ohnmacht.
Anders wird es in der Welt nur,
wenn man zu unterliegen bereit ist.

Aus Betz, Otto: Tastende Gebete. 2005.
Topos plus Taschenbuch 574, Seite 96 bis 97.

Dem Herzen nahe

Wenn einer alt wird, dann werden die Gedanken, die ihm im Kopf herumgehen, ein wenig anders, vielleicht gehen sie überhaupt anders herum. Es kommt bei jedem Gedanken das kleine Wort „noch“ hinzu. Was hat jetzt noch Sinn? Was muss jetzt sich noch ändern in mir? Wofür willst du deine verbleibende Kraft noch einsetzen? Wofür oder für wen hat dein Leben jetzt noch einen Wert?

Es sind, stärker als früher, auch einige Gedanken dabei, die in der Vergangenheit spielen: Wie bist du mit deinem Lebensauftrag zurechtgekommen? Kannst du mit dem, was war, am Ende bestehen?

Und man begreift tiefer als in früheren Jahren, was man eigentlich immer gewusst hat: dass man bei aller Bemühung der bleibt, der man immer gewesen ist. Und es beginnt ein alter Satz wichtig zu werden, den man immer gekannt hat, der aber über die Wichtigkeit einer dogmatischen Behauptung nie hinausgekommen war: dass Gott mit meinem

Leben einverstanden ist, allein deswegen, weil er mich liebt, und nicht deswegen, weil ich so liebenswert bin. Dass, sagt das Evangelium, ich gerechtfertigt werde ohne des Gesetzes Werke allein durch den Glauben und allein aufgrund der Gnade. Dieser in so viel christliches Chinesisch verpackte Satz ist am Ende das, was zählt. Das, was wichtig ist. Die Liebe Gottes, die mir zugesagt ist und die sich in der Liebe zwischen anderen Menschen und mir spiegeln will. Alles andere kann ich fallenlassen, stehenlassen, liegenlassen.

Aus Zink, Jörg: Dem Herzen nahe. Ein spirituelles Lesebuch. 2007. Topos plus Taschenbuch 627, Seite 137.

Gott einen Ort sichern

Die Leidenschaft für Gott wird uns klarmachen, dass unser christliches Leben ein Schreiten zwischen zwei Abgründen ist. Der eine ist der messbare Abgrund der Ablehnung Gottes durch die Welt. Der andere ist der unauslotbare Abgrund der Geheimnisse Gottes.

Wir erfahren, dass wir auf der Mittelkante wandern, wo die Ränder dieser beiden Abgründe aufeinander stoßen. So verstehen wir, auf welche Weise wir Vermittler sind und warum wir es sind.

Wir begreifen, von welchem »Bund« wir die Treuhänder sind; wie wir diesen Bund zugleich verwalten und auch einen eigenen Nutzen davon haben. Wir hören auf, ständig zerstreut zu sein: von der Welt abgezogen durch Gott – von Gott durch die Welt.

Und wir werden persönlich, gemäß dem Namen, bei dem Gott uns gerufen hat, Gott treu sein und in Freiheit seiner Herrlichkeit unterworfen

Das werden wir sein im Auftrag der Welt und im Namen jedes einzelnen Menschen und der ganzen Menschheit; nicht um der Welt und um der Menschen willen, sondern um Gottes willen, der Welt und Menschen mit einer ersten und ungeschuldeten Liebe geliebt hat.

Gott hat uns zum Bund gemacht. Wir sind ein Faktum göttlichen Bundes …

Damit aber dieses Faktum wahr ist, damit dieser Bund von uns gelebt wird – ganz universal im Geist und in der Gnade –, müssen wir ihn jeden Tag konkret da umsetzen, wo wir sind, unter den Menschen, die wir kennen. Für diese Menschen, ihr Volk, ihre Nation, ihre Blinden und Gefangenen sind wir zum Bund gemacht, wie aufgrund einer persönlichen Standespflicht.

Vielleicht war Therese von Lisieux, die Patronin aller Missionen, dazu ausersehen, zu Anfang dieses Jahrhunderts ein Schicksal vorzuleben, bei dem die Zeit auf ein Minimum zusammenschrumpft, die Handlungen auf ein winziges Format hinauslaufen, der Heroismus für die Augen der Betrachter unerkennbar wird und die Mission sich auf wenige Quadratmeter beschränkt. Die kleine Therese kann uns lehren, dass bestimmte Leistungen nicht mit der Uhr gemessen werden können, dass die sichtbare Seite der Taten nicht alles ist, dass zur Mission in der Weite auch die Mission in der Dichte kommen muss – mitten unter den dicht zusammenwohnenden Menschen, in jener Tiefe, wo der Geist der Menschen die Welt befragt und zwischen dem Geheimnis eines Gottes, der ihn klein und arm will, und dem Geheimnis der Welt, die ihn mächtig und groß will, hin und her schwankt. Die kleine Therese beweist für sich ganz allein, dass mit den missionarischen Bemühungen im Milieu des Marxismus nicht künstliche Dämme und Wälle gebaut, sondern lebendige Kräfte geweckt werden, genau da, wo man den Glauben untergraben will.

Aus Delbrêl, Madeleine: Gott einen Ort sichern.
Texte – Gedichte – Gebete. Hg. von Annette Schleinzer. 2007.
Topos plus Taschenbuch 644, Seite 128 bis 129.

Heilige Zeichen

Die Liturgie ist eine Welt heilig-verborgenen, aber immerfort Gestalt werdenden und darin sich offenbarenden Geschehens: sie ist sakramental. Es gilt also vor allem, jenen lebendigen Akt zu lernen, mit dem der glaubende Mensch die „sichtbaren Zeichen unsichtbarer Gnade" auffasst, empfängt, vollzieht. Um „liturgische Bildung" handelt es sich in erster Linie, nicht um – davon natürlich nicht zu trennende – „liturgische Belehrung«. Um eine Anweisung, eine Anregung wenigstens zu lebendigem Schauen und Vollziehen „heiliger Zeichen".

Da schien es mir richtig und fruchtbar, beim Einfachsten anzusetzen; bei den Elementen, aus denen sich dann die höheren Gebilde der Liturgie aufbauen. Was im Menschen auf jene Elemente anspricht, sollte zum Schwingen gebracht werden. Es sollte deutlich werden, inwiefern sie „Zeichen" sind. Sie sollten wieder vom lebendigen Ausdrucksvorgang ergriffen werden, in welchem der Mensch aus den entgegentretenden Gestalten ihr verborgenes Inneres auffasst; in dem er seinerseits das eigene Innere ausdrückt. So würden sie aus konventionellen Formen wieder zu echt-erlebten Symbolen, zu Elementen des Sakraments und Sakramentales werden.

Der Weg zu liturgischem Leben führt nicht durch bloße Belehrung, sondern entscheidenderweise durch Schauen und Tun; das sind die Grundkräfte. Gewiss erleuchtet durch klare Lehre; in den Zusammenhang der katholischen Tradition verwurzelt durch geschichtliche Unterweisung. Aber Schauen und Tun muss es sein; ein lebendiges Auffassen, Erfahren, Vollziehen.

Aus Guardini, Romano: Von heiligen Zeichen. 7. Auflage 2008. topos taschenbuch 365, Seite 10 bis 15 (auszugsweise)

Das Ganze im Blick

Wenn man die ignatianische Spiritualität mit einem einzigen Wort charakterisieren will, ist das Wort „Weg" dafür sehr zutreffend. Auch wenn Ignatius dieses Wort nicht übermäßig oft gebraucht, so kommt es doch immer wieder und an entscheidenden Stellen vor und durchatmet sein ganzes Leben, Glauben und Fühlen.

Zunächst war der Weg des 1491 geborenen Basken Loyola ein Weg nach oben: eine Karriere am Hof. Mit einer schweren Knieverletzung, die er sich bei der Verteidigung der Festung Pamplona 1521 zuzog, begann sein geradlinig geplanter Weg nach oben zu einem geistlichen Umkehrweg und zu einer „Karriere nach unten" zu werden. Sie führte ihn in alle Tiefen bis zur Versuchung zum Selbstmord, aber auch in alle Höhen gläubig-mystischer Verbundenheit mit Gott.

Auf diesem seinem Lebensweg versteht sich Ignatius als „Pilger". Jeder Mensch ist homo viator, d. h. Mensch auf dem Weg. Auf dem Gebetsweg der Exerzitien begleitet Ignatius den Menschen durch alle „spirituellen Landschaften": in den Garten Eden, durch die Wüste, durch dunkle Schluchten, auf den Tabor, nach Golgota und auf den Berg der Himmelfahrt und Aussendung.

Der betende, übende Mensch ist eingeladen, Weggefährte Jesu zu werden, der selbst der Weg ist, auf dem Gott dem Menschen entgegenkommt. Wie auf jedem Weg gibt es auch hier wichtige Wegkreuzungen, an denen es gilt, Entscheidungen zu treffen. Ignatianische Spiritualität ist eine Spiritualität der Entscheidung, der Entschiedenheit, der Freiheit. Vor allem bei den Übungen und Hinweisen zur Wahl finden sich viele ignatianische Entscheidungs- und Weghilfen. Die „Unterscheidung der Geister" hilft, Spuren zu finden und zu unterscheiden, ob sie in die Richtung Gottes, d. h. zu mehr Glauben, Hoffen und Lieben, führen oder in die Gegenrichtung zu mehr Misstrauen, Hoffnungslosigkeit und Egoismus.

Diese innere und äußere Mobilität, oft auch Bereitschaft, „sich disponieren zu lassen“, genannt, kommt in einem der von Ignatius am meisten gebrauchten Worte zum Ausdruck: „je nachdem“. Damit lädt er ein, auf die verschiedensten Situationen, Menschen, Zeiten, Umstände immer neu und differenziert einzugehen.

Der Schritt aus sich heraus ist ein Schritt auf die anderen Menschen zu. Für Ignatius wurde es immer mehr zu seinem Lebensinhalt, zu den Menschen zu gehen, um sie zu Gott, zu Christus zu führen. Dafür nahmen er und die Seinen alle Wege auf sich. Um »den Seelen zu helfen«, war ihm kein Weg zu steil oder zu lang und kein Widerstand zu groß.

Als „Dienstbote“ Jesu verkündete er überall und auf verschiedenste Weise das Evangelium. Damit seine Gefährten wie die Jünger, die Apostel unterwegs zu den Menschen sein könnten, wollte er für seine Gemeinschaft auch kein Chorgebet. „Zu unserer Berufung gehört es, viele Länder zu durchwandern“, heißt es in einer der Ordensregeln.

Auf diesem geistlichen Weg hat sich bei Ignatius und seinen Gefährten eine bestimmte „spirituelle Gangart“, ein Stil, eine Weise des Vorgehens – noster modus procedendi – herausgebildet. Auch dies ist kennzeichnend für die ignatianische Wegspiritualität: ein Gespür für Stil und Methode und durchdachte Vorgehensweise zu haben.

Ignatius geht es um die Ehre, die Verherrlichung Gottes in allem. Die Ehrfurcht lässt ihn „Gott in allen Dingen suchen und finden“. Dieses Ignatius-Wort ist sozusagen der „christliche Laufpass“, in allen Situationen, in der Einsamkeit, im Beruf, im Gebet, in der Freundschaft, in der Arbeit, in der Liturgie, im Nächsten, in Trauer und Freude Gott zu suchen und zu finden.

Es ist ein bezeichnender Zufall, dass die erste Kirche, die Ignatius und seine Gefährten in Rom bekamen, die der „Madonna della Strada“, der Maria vom Wege war. Maria war Ignatius immer eine Wegbegleiterin auf seinem geistlichen Lebensweg gewesen. – Einer, der „den Pilger“ auf diesem Weg einmal sah, sprach von ihm als dem „kleinen Spanier, der hinkt und so fröhliche Augen hat".

Aus Lambert, Willi (SJ): Aus Liebe zur Wirklichkeit. Grundworte ignatianischer Spiritualität. 8. Auflage 2008. topos taschenbuch 346, Seite 15 bis 18 (auszugsweise)

Leibhaftig glauben

Das Christentum, so klagen viele, ist mittelmäßig geworden. Der um sich greifenden Verarmung des alltäglichen Lebens vermag es keinen Widerstand mehr entgegenzusetzen. Es erleidet einen „katastrophalen Mangel an Folgen" (Johann B. Metz). Das ist schlecht für die Menschen und schlecht für das Christentum. Christlicher Glaube wird so uninteressant. Man nimmt ihn nicht mehr ernst. Er gilt als kompromittierter Bestandteil eines langweiligen, wie man sagt „verbürgerlichten" Lebensstils. Das Elend des satten und trostlosen Lebens wird bestenfalls noch religiös verbrämt. Kraft geht aber von einem solchen Christentum kaum noch aus. Zu trösten ist es nicht mehr imstande, bestenfalls vertröstet es. Damit verliert aber das Christentum seine ursprüngliche, zum Leben befreiende Kraft. Und eben dies ist schlecht für die Menschen.

Was das Christentum dringlich braucht, ist ein Aufbruch aus der ererbten Mittelmäßigkeit. Diese kann weder von einfältig konservativer noch von progressiver Seite erhofft werden: denn von dort ist höchstens ein Aufwärmen oder eine Imagekosmetik eines angepassten Christentums zu erwarten. Erforderlich ist vielmehr das Hineingraben in verlorene Tiefen. Von den Wurzeln her bedarf es der Erneuerung. Man kann dies „Radikalisierung" nennen, insofern man sich am lateinischen Wort radix, das ist Wurzel, ausrichtet.

Es geht es uns darum, die evangelischen Räte als innere Momente eines jeglichen christlichen Glaubens wiederzugewinnen. Damit soll die alte Zweiteilung überwunden werden, nach der es einige „religiöse Virtuosen" (Ordensleute, Priester) gibt, die das Christentum „vollkommen" leben sollten, während den übrigen „Fußgängern der Kirche" „unvollkommenes" Leben gestattet wird. Die Eingrenzung der Reichweite der evangelischen Räte ist eine, vielleicht sogar eine der wichtigsten Ursachen für die Ermäßigung des christlichen Glaubens, für den Verlust seiner Kraft. Ermäßigtes Christentum neigt aber stets dazu, harmlos zu werden. Das Salz wird schal (Mt 5,32), man wirft es kulturell hinaus und tritt auf ihm herum. Das Licht ist dunkel. Die Stadt auf dem Berg ist vor Finsternis nicht mehr zu sehen.

Die evangelischen Räte müssen mit den Grundhoffnungen des menschlichen Daseins in Beziehung gesetzt werden. Andererseits greifen wir auf gläubige Erfahrungen zurück, wie sie in biblischen Texten überliefert sind. Der Text des Lebens und der Text der Bibel sollen so in einen herausfordernden Bezug gesetzt werden. Dabei werden eher viele Fragen gestellt. Antwortfragmente werden gesammelt. Die erhoffte Antwort freilich ist radikalisiertes christliches Leben selbst: beim Leser, in der Kirche, in unseren Gesellschaften. Von mir selbst kann ich berichten, dass mich dieses Thema der evangelischen Räte schon jahrelang umtreibt und für die konkrete Gestalt meines Lebens wichtig geworden ist.

Aus Zulehner, Paul: Leibhaftig glauben.
Lebenskultur nach dem Evangelium. 2008.
topos taschenbuch 659, Seite 7 bis 9 (gestrafft).

Gott im Leben entdecken

Worum es bei geistlicher Begleitung geht, verdeutlicht ein uraltes Symbol: das Labyrinth. Es ist ein Bild für die oft verschlungenen Wege des Menschen durch Dunkel und Licht zur Mitte hin, zu Gott als der Mitte seines Lebens. Der Weg durch das Labyrinth hat einige besondere Merkmale: Der durch ein Labyrinth vorgegebene Weg ist der Weg der größtmöglichen Umwege. Es gibt keinen direkten, geraden Weg zur Mitte. Vielmehr ist es so, dass das klassische Labyrinth so beschaffen ist, dass man sehr rasch in die Nähe der Mitte kommt, dann aber wieder an den Rand muss und sich erst in vielen kleinen Pendelbewegungen der Mitte nähert. Nur das Gehen des ganzen Weges, mit allen nur erdenklichen Umwegen, führt zum Ziel.

In der Josephs-Erzählung wird uns exemplarisch eine solche Umweg-Geschichte geschildert: Nur über viele Umwege kommt Joseph an sein Ziel. In dieser Geschichte wird deutlich, dass es nicht immer harmlose Irrwege sind, es geht vielmehr um lebensbedrohliche Situationen. Es sind jedoch genau diese Umwege, durch die Gott Heil wirkt, wie Joseph als reifer Mann zu seinen Brüdern sagt: „Ihr dachtet Böses gegen mich, aber Gott hat es umgedacht zum Guten, um ein großes Volk am Leben zu erhalten“ (Gen 50,20).

Geistliche Begleitung kann helfen, das, was als Schicksalsschlag oder Sinnlosigkeit erscheint, als Weg sehen zu lernen, durch den Gott Heil wirkt. Es gibt nur einen Weg, der in ständigen Pendelbewegungen hin zur Mitte führt. Es führt kein direkter, gerader Weg zur Mitte. Nur das Gehen des ganzen Weges, mit allen nur erdenklichen Umwegen, führt zum Ziel. Dom André, der frühere Generalprior der Kartäuser hat einmal in einem Gespräch bemerkt: „Das christliche Leben ist kein gerades Fortschreiten von einer Entwicklungsstufe bis zur nächsten, bis man auf der ›obersten Stufe‹ angekommen ist – es ist vielmehr ein immer wieder neues Bemühen, im eigenen Leben der Einladung Christi zu folgen: mit ihm das Kreuz auf sich zu nehmen, mit ihm zu sterben, um mit ihm zum Neuen Leben aufzuerstehen.“

Die Art, wie diese Zustimmung von uns gefordert wird, ist so verschieden, wie Menschen verschieden sind. Geistliche Begleitung achtet diese individuelle Verschiedenheit und will helfen, den je eigenen Weg zu finden, und ermutigen, nicht stehen zu bleiben, sondern ihn konsequent, bis zur Mitte hin, zu gehen. Das Labyrinth ist kein Irrgarten. Der Weg des Labyrinths führt immer zur Mitte. Es gibt nur zwei Möglichkeiten, nicht zum Ziel zu gelangen: entweder stehen zu bleiben oder zurück zu gehen.

Geistliche Begleitung bedeutet deshalb vor allem auch Ermutigung zur Hoffnung, dass es sich lohnt, den Weg bis zur Mitte hin zu gehen. – „Lieben bedeutet, einen Weg mit einem anderen bis zum Ende zu gehen" (R. Schutz). Geistliche Begleitung gründet in einer besonderen Art der Verbundenheit, die in der gemeinsamen Suche nach Gott ihr Fundament hat. Nur die innere Ausrichtung auf Gott gibt die Kraft, den Weg trotz Enttäuschungen, Umwegen, Schwierigkeiten oder Ausweglosigkeiten bis zum Ende zu gehen.

Aus Schaupp, Klemens: Gott im Leben entdecken.
Einführung in die geistliche Begleitung. 2006.
Topos plus Taschenbuch 565, Seite 9 bis 11 (gestrafft).

Gruß an die selige Jungfrau Maria

Wie das Vaterunser, so meditiert Franziskus auch das „Ave Maria". Er erweitert den Gruß des Engels (Lk 1,28) zu einer klangvollen Litanei von sieben Ave. Er besingt vor allem das Einwohnen der Fülle des dreifaltigen Gottes in Maria „voll der Gnade", die durch ihr Ja-Wort zur ersten, von Gott selbst geweihten Kirche geworden ist. Von dieser Jungfrau-Mutter-Kirche geht der Blick dann auf alle Menschen: auf die Gläubigen, deren Glaube und Treue noch tiefer, auf die Ungläubigen, die noch gläubig werden können. Franziskus'

Marienverehrung ist missionarisch. Sein Gruß an die Gottesmutter gibt zusammen mit seiner Marien-Antiphon im Offizium Zeugnis von einer Marien-Minne, in deren Zentrum das Wirken des dreifaltigen Gottes steht.

Manche Handschriften verbinden den Marien-Gruß mit dem hier folgenden Gruß an die Tugenden; dazu gab der letzte Vers des Grußes an Maria Anlass. Die meisten der zahlreichen Handschriften, die dieses Kleinod franziskanischer Marienfrömmigkeit überliefern, trennen aber die beiden Stücke. So geschieht es auch hier, mit dem Unterschied, dass wir in der Wiedergabe erkennen lassen, dass beide Lieder aus drei „Strophen" bestehen. Einige vermuten, dass Franziskus dieses Marienlied eigens für das von ihm so geliebte Kirchlein „Maria von den Engeln" gedichtet habe, aber Beweise fehlen. Ebenso kann man auch die Zeit der Abfassung nicht genau angeben.

Sei gegrüßt, Herrin, heilige Königin,
heilige Gottesmutter Maria,
die du bist Jungfrau, zur Kirche geworden
und erwählt vom heiligsten Vater im Himmel,
die er geweiht hat
mit seinem heiligsten, geliebten Sohn
und dem Heiligen Geiste, dem Tröster,
in der war und ist alle Fülle der Gnade
und jegliches Gute.
Sei gegrüßt, du sein Palast.
Sei gegrüßt, du sein Zelt.
Sei gegrüßt, du seine Wohnung.
Sei gegrüßt, du sein Gewand.
Sei gegrüßt, du seine Magd.
Sei gegrüßt, du seine Mutter.
Und (seid gegrüßt,) ihr heiligen Tugenden alle, die ihr durch die Gnade und Erleuchtung
des Heiligen Geistes
in die Herzen der Gläubigen eingegossen werdet,

um aus Ungläubigen
Gott getreue Menschen zu machen.

Aus Lehmann, Leonhard (OFM):
Das Erbe eines Armen. Franziskus-Schriften. 2003.
Topos plus Taschenbuch, Seite 43 bis 48 (auszugsweise).

Lass Schaf und Wolf zusammen in dir wohnen

Durch die gesellschaftlichen Veränderungen der letzten fünfzig Jahre sind in unseren Lebensbereichen viele Werte, Normen und tradierte Verhaltensweisen fragwürdig geworden oder verschwunden. In der heutigen permissiven Gesellschaft ist vieles „erlaubt", was früher als „verboten" galt. Dies wirkt sich auch auf die kirchlichen Lebensbereiche aus; Fasten, Gebet und Kirchgang werden kaum noch als „Pflicht" empfunden, ebenso auch viele praktische Übungen der Nächstenliebe. Durch den Wegfall äußerer Zwänge und Verpflichtungen entsteht ein Freiraum, der leider oft mit Freiheit verwechselt wird.

Frei-Sein ist mehr und etwas anderes als nur Nichtgezwungen-Sein. Im Freisein von äußeren Zwängen wird der Lebensdruck viel unmittelbarer spürbar als in einem von außen her stark geregelten Leben: Das Leben selbst zwingt jeden, selbst zu leben. Ich muss selbst, ganz persönlich – mehr als früher – die ganze Verantwortung übernehmen für mich und mein Leben, für die Mitwelt und für die Umwelt.

Aber auch jetzt ist das Leben vor-gegeben. Das Leben selbst ist der Grundwert und die Grundnorm, aus der alle anderen Werte und Normen hervorgehen. Das Leben selbst birgt Gesetze in sich, die unabhängig von meiner Zustimmung oder Ablehnung gelten. Die Missachtung der dem Leben innewohnenden Gesetze führt zur Störung und

Zerstörung der Lebensfreude und der irdischen Verwirklichung des Lebens. Das Leben selbst ist „ewig" und unzerstörbar.

Wir sind heute darauf angewiesen, die Lebenswerte und Lebensgesetze in der Lebenserfahrung selbst zu erkennen und uns dem Leben unmittelbar gegenüber zu verpflichten. Viele tradierte Werte, Normen und Verhaltensweisen können wir nicht mehr blind übernehmen, aber wir können zu den Wurzeln vordringen, aus denen diese Werte, Normen und Verhaltensweisen erwachsen sind. Dadurch kann es gelingen, ganz neu die Verantwortung im Leben und für das Leben wahrzunehmen und Wege zu finden, auf denen das Leben gelingt.

In jedem Menschen leben Wolf und Schaf, ein polares Kräftefeld, in dem jeder Mensch sich selbst und sein Leben zu verwirklichen hat. Aggression und Ergebung, Aktivität und Passivität, Durchsetzung und Anpassung, Antipathie und Sympathie sind das Kräftepotential, das uns zum Leben zur Verfügung steht. Unser Ich muss diese polaren Kräfte so steuern, dass Leben, Glück und Friede verwirklicht werden, und dass ich selbst zur Zufriedenheit, zum Einssein mit mir selbst (Identität) gelange. Die Kraft des Glaubens an das absolute Geliebtsein hilft mir immer wieder zur Selbstannahme und zur positiven und kreativen Bewältigung meiner Konflikte, so dass „Wolf und Schaf zusammen wohnen" (vgl. Jes 11,6). Nur in der Kraft des Glaubens und der Liebe kann ich die Einheit meiner „zwei Naturen" und meiner „zwei Seelen in der Brust" immer wieder finden.

Aus Gruber, Elmar: Lass Schaf und Wolf zusammen in dir wohnen. Meditationen zu christlichen Tugenden. 2002. Topos plus Taschenbuch 418, Seite 7 bis 9.

Von der Nachfolge Christi

Wer mir nachfolgt, wandelt nicht im Dunkel, spricht der Herr (Joh 8,12). Das sind Worte Christi. Sie spornen uns an, sein Leben und seinen Wandel nachzuahmen, wenn wir wahrhaft erleuchtet und von aller Blindheit des Herzens befreit werden möchten. Unsere höchste Aufgabe sei die Betrachtung des Lebens Jesu Christi.

Die Lehre Christi übertrifft alle Lehren der Heiligen. Wer den Geist besitzt (vgl. Offb 2,17), findet in ihr verborgenes Himmelsbrot. Doch es ist nun einmal so: Viele hören die Frohbotschaft oft, spüren aber nur geringe Sehnsucht nach dem Evangelium. Es fehlt ihnen der Christusgeist (vgl. Röm 8,9).

Wer Christi Worte ganz verstehen und verkosten will, muss bestrebt sein, sein ganzes Leben ihm gleichzuformen. Was nützt es dir, tiefgründig über die Dreieinigkeit zu reden, wenn dir die Demut fehlt? Ohne sie missfällst du der Dreieinigkeit. Wahrlich, gelehrte Worte machen nicht den Heiligen und Gerechten. Das tut allein ein tugendhaftes Leben. Das macht dich Gott teuer. Lieber möchte ich den Schmerz der Reue spüren, als ihre Definition kennen. Wenn du die ganze Bibel auswendig wüsstest und kenntest dich in allen Lehren der Weltweisen aus, was hättest du davon ohne die Gottesliebe und die Gnade?

„O Eitelkeit aller Eitelkeiten! Alles ist eitel", außer Gott lieben und ihm allein dienen (Koh 1,2; Dtn 6,13). Das ist die höchste Weisheit: Die Welt gering zu werten und dadurch nach dem Reiche der Himmel zu streben. Eitel ist es, vergängliche Reichtümer zu suchen und auf sie seine Hoffnungen zu setzen. Eitel ist es, nach Ehrungen zu verlangen und angesehene Stellungen anzustreben. Eitel ist es, den Trieben des Leibes nachzugeben und zu begehren, was später schwere Strafe nach sich zieht. Eitel ist es, sich ein langes Leben zu wünschen und sich um ein gutes Leben kaum zu bemühen. Eitel ist es, nur auf das gegenwärtige Leben zu achten und für die Zukunft kein Auge zu haben. Eitel ist es, zu lieben, was eilenden Fluges vorüberzieht, statt schleunigst dorthin zu eilen, wo ewige Freude wohnt. Denke oft an jenes Sprichwort: „Das Auge wird nicht satt vom Sehen, das Ohr nicht satt vom Hören" (Koh 1,8). Sei also darauf bedacht, dein Herz von der Liebe zum Sichtbaren zu lösen und dich zum Unsichtbaren zu erheben. Denn die den Eindrücken der Sinne folgen, beflecken das Gewissen und verlieren Gottes Gnade.

Aus Thomas von Kempen: Die Nachfolge Christi.
Hg. und erläutert von Josef Sudbrack SJ. 2000.
Topos plus Taschenbuch 320, Seite 15 bis 16.

Rainer Maria Rilke: Du, Nachbar Gott

DU, Nachbar Gott, wenn ich dich manches Mal
in langer Nacht mit hartem Klopfen störe,
so ist's, weil ich dich selten atmen höre
und weiß: Du bist allein im Saal.
Und wenn du etwas brauchst, ist keiner da,
um deinem Tasten einen Trank zu reichen:
ich horche immer. Gib ein kleines Zeichen.
Ich bin ganz nah.

Nur eine schmale Wand ist zwischen uns,
durch Zufall; denn es könnte sein:
ein Rufen deines oder meines Munds
und sie bricht ein
ganz ohne Lärm und Laut.
Aus deinen Bildern ist sie aufgebaut.

Und deine Bilder stehn vor dir wie Namen.
Und wenn einmal das Licht in mir entbrennt,
mit welchem meine Tiefe dich erkennt,
vergeudet sich's als Glanz auf ihren Rahmen.

Und meine Sinne, welche schnell erlahmen,
sind ohne Heimat und von dir getrennt.

Aus Schwab, Hans-Rüdiger: Gott im Gedicht. Ein Streifzug durch die deutschsprachige Lyrik. 2007. Topos plus Taschenbuch 600, Seite 128.

„Der heilige Trinker" – Joseph Roths Ende

Und da ist schließlich die allerletzte Erzählung Joseph Roths, die er kurz vor seinem Tode noch vollenden konnte: „Die Legende vom heiligen Trinker": in der Roth noch einmal das Thema des „Hiob" aufgreift: das Thema des „Wunders". Seinem Helden Andreas, Clochard unter den Seine Brücken von Paris, begegnet das Wunder in Gestalt eines älteren, gut gekleideten Herrn, der ihm 200 Francs leiht und mit ihm die Abmachung trifft, er solle das Geld in einer Kapelle der Heiligen Therese von Lisieux zurückgeben. Andreas gerät nun in einen Wirbel glücklicher und glückloser Begebenheiten, denen er bis zu seinem Tode nicht mehr entrinnen kann. Obwohl er die feste Absicht hat, die Abmachung einzuhalten, verliert er das Geld immer wieder, bekommt aber immer wieder neues, bis er am Schluss auch noch das letzte Geld vertrinkt, zusammenbricht, in die Kapelle gebracht wird und um Vergebung bittend stirbt. Die Legende endet mit dem Satz: „Gebe Gott uns allen, uns Trinkern, einen so leichten und so schönen Tod."

„Der heilige Trinker" – er ist die letzte Variation über das Grundthema von Joseph Roth: das Schicksal von Menschen, die heimatlose Wanderer sind und vergeblich nach Erlösung aus ihrer Ausweglosigkeit suchen.

Joseph Roth ist ein solch heimatloser Geselle: ein Wanderer ohne festen Wohnsitz, der für ein deutsches katholisches Reich schwärmt; ein Jude, der mit dem orthodoxen

Katholizismus liebäugelt; ein Katholik, der sein Judesein nie aufgibt und (anders als Döblin und ähnlich wie Werfel) nie konvertiert; ein großer Stilist und Künstler, der schließlich an der Aufgabe scheitert, seinem eigenen Leben Stil und Form zu geben. So wundert es nicht, dass die verschiedenen Welten sich auch noch bei seiner Totenfeier paradox kreuzen und die Widersprüche unausgeglichen nebeneinander stehen. Bei der Beisetzung auf dem Friedhof Thiais südöstlich von Paris am 30. Mai 1939 versammeln sich seine Freundinnen und Freunde, viele berühmte Schriftsteller und Künstler, Emigranten aus Wien, Prag und Berlin, Leute aller politischer Couleur: Monarchisten, Kommunisten, Juden, Katholiken. Als der Abgesandte der Familie Habsburg, der einen Kranz mit schwarz-gelber Schleife und der einzigen Aufschrift „Otto" mitgebracht hatte, am Grabe von Roth als dem „treuen Kämpfer der Monarchie" und von „seiner Majestät Otto von Österreich" spricht, protestieren die anwesenden Kommunisten, darunter Egon Erwin Kisch. Als der katholische Pater Johannes Österreicher am Grabe zu amtieren beginnt, murren die anwesenden Ostjuden. Und als dies passiert ist, verzichtete auch ein jüdischer Freund darauf, den Kaddisch zu sprechen.

Die Frage, wohin Joseph Roth gehört, wer ihn beanspruchen darf: noch am Grabe bleibt sie offen. Ja, die Herausforderung seines Werkes besteht gerade darin, dass sie offen bleiben muss.

Aus Kuschel, Karl-Josef: „Vielleicht hält Gott sich einige Dichter". Literarische Skizzen. 2005.
Topos plus Taschenbuch 556, Seite 268 bis 269 (auszugsweise).

Wir Menschen leben in der Zeit

Zwischen Zeit und Ewigkeit

Gott lebt unter uns Menschen. Aber Gott existiert auch außerhalb unserer Welt. Wir nennen das: die Ewigkeit. In der Ewigkeit gibt es keine Zeit und nicht die Grenzen des Raums.

Doch auf unserer Erde leben wir in der Zeit. Wir unterteilen sie in kleine und große Abschnitte, von der Sekunde bis zum Jahrtausend. Eine überschaubare Zeitspanne, welche die Natur selbst vorgibt, ist das Jahr. Ein Jahr lang braucht die Erde, um die Sonne zu umkreisen. Wir unterteilen das Jahr in die vier Jahreszeiten Frühling, Sommer, Herbst und Winter, aber auch in Monate und Wochen.

Die Kirche orientiert sich nicht nur am Lauf der Natur, sondern vor allem am Leben des Jesus von Nazaret. Die besonderen Ereignisse seines Lebens werden im Laufe eines Jahres als Feste gefeiert – zum Beispiel seine Geburt und Menschwerdung an Weihnachten, seine Auferstehung von den Toten an Ostern. So erleben wir während eines Jahres alle Stationen des Lebens von Jesus Christus mit. In den Gottesdiensten zu den Festen werden die Ereignisse aus der Vergangenheit in die Gegenwart geholt: Was vor 2000 Jahren geschah, wird in unserem Hier und Heute lebendig. Gott ist mitten unter uns! So schlagen die Feste im Kirchenjahr eine Brücke zwischen Gestern und Heute, zwischen Himmel und Erde, zwischen Zeit und Ewigkeit.

Aus Schwikart, Georg: Zwischen Zeit und Ewigkeit. 2006. Topos plus Taschenbuch 588, Seite 9.

Im Zeichen des Glaubens

Feste im Zeichen des christlichen Glaubens durchziehen den Kirchenkalender; es gibt traditionsreiche Heiligenfeste, Feste zu Ehren der Mutter Gottes, Wallfahrten mit regionaler und überregionaler Bedeutung und zahlreiche andere religiöse Feierzusammenhänge. Nicht zuletzt Volksfeste, die auf kirchliche Ursprünge zurückgehen, sind zu nennen, deren religiöse Wurzeln heute oft nicht mehr gegenwärtig sind. Es fällt uns leicht, einzelne religiöse Feste zu nennen: Manche werden an den Sonntag, viele an Weihnachten denken, andere an das Fest der Erstkommunion, wieder andere gleich an einen Festmonat wie den Mai als Marienmonat. Es ist indes offenbar nicht leicht, kurz und knapp zu umreißen, was ein religiöses Fest ausmacht.

Für den Historiker spiegeln religiöse Feste nicht nur ein über Jahrhunderte hinweg äußerst intensives Verhältnis durchschnittlicher Zeitgenossen zu Heiligen als Schutzpatronen und zur Mutter Gottes wider. Für ihn sind religiöse Feste ein Spiegel gesellschaftlicher Verhältnisse, politischer Umbrüche und ihrer Folgen. Sie zeigen vielschichtige Deutungsvarianten und Bedeutungsfacetten; sie lassen sich etwa im Hinblick auf Veränderungen der Bedeutung von Arbeit und Freizeit deuten.

Religiöse Feste sind von gesellschaftlichen Umbrüchen sowie politisch einschneidenden Ereignissen und Entwicklungen nicht unbeeinflusst geblieben; sie angemessen zu beschreiben, setzt Informationen über allgemeine geschichtliche Entwicklungen voraus. An religiösen Festen und Feiern lassen sich langsame, allmähliche Entwicklungen und Wandlungen beobachten, die nicht immer gängigen historischen Zäsuren und Epochengrenzen folgen. Die Entstehung und Ausbreitung rein weltlicher – volkstümlicher – Feste hat auf religiöse Feste erheblichen Einfluss gehabt; manche haben ihren religiösen Charakter eingebüßt und heute erinnert sich kaum noch jemand an ihre Anfänge und Entstehungszusammenhänge.

Regional bekannte Volksfeste der Gegenwart blicken auf eine lange religiöse Tradition zurück, die im Laufe der Jahrhunderte verloren ging. Hinzu kommen Feste, deren religiöser Charakter Zwar erhalten blieb, die jedoch einen erheblichen Bedeutungszuwachs weltlicher Bestandteile erkennen lassen. Es lässt sich eine religiöse Geografie Deutschlands denken, eine Karte zeichnen, auf der Teilregionen mit einem noch heute besonders dichten Netz religiös bedeutsamer Feste hervorstechen, in denen eine lebensweltlich bestimmte katholische Religiosität nach wie vor große Bedeutung hat. Dies gilt etwa für all jene Gebiete, in denen Wallfahrtstraditionen besonders gepflegt werden oder in denen religiöse Volksfeste beheimatet sind, die auf eine lange und noch heute gegenwärtige Vergangenheit zurückblicken können.

Nicht alle Fragen, die vielleicht klärungsbedürftig sind, lassen sich im Rahmen einer Annäherung an das Thema beantworten. Was etwa sind religiöse Volksfeste? Inwiefern sind Wallfahrten Feste? Soll oder kann man zwischen Fest und Feier unterscheiden? Lässt sich kategorisch zwischen weltlichen bzw. profanen und religiösen Festen unterscheiden?

Aus Stambolis, Barbara: Im Zeichen des Glaubens. Tradition und Wandel kirchlicher Feste. 2007. Topos plus Taschenbuch 615, Seite 7 bis 11 (auszugsweise).

Der Sonntag, gestern, heute und immer

Der Sonntag ist nicht nur Sache des Einzelnen, seiner religiösen Gesinnung und seines Bedürfnisses nach Ruhe, sondern der Gemeinschaft, genauer gesagt, der Gemeinschaftsordnung. Ist er nicht mehr in diese Ordnung eingefügt, so verliert er nicht nur die daraus kommende Würde, sondern er wird auch von all den Interessen oder Lässigkeiten zerstört, denen er im Wege steht.

Immer war er von diesen Interessen her bedroht. Der Glaube und die Verantwortung für die religiöse Gesundheit des Volkes mussten immer um die Heiligung des Sonntags kämpfen, und der Erfolg des Kampfes bildete einen Maßstab für den jeweiligen Stand dieser Gesundheit. Er trat in ein kritisches Stadium, als die christliche Ordnung von der Allgemeinheit nicht mehr als gültig angesehen wurde; diese ihr fremd, gar feindlich gegenüberstand. Inzwischen haben sich aber Wirtschaftsformen entwickelt, die bloß von technisch-ökonomischen Gesichtspunkten bestimmt sind, und von denen her die christliche Lebensordnung als überholt, ja als hinderlich erscheint.

So ist die Frage heute die, ob der christliche Teil der Bevölkerung seinen Glauben als wichtig genug empfindet, um Technik und Wirtschaft zur Berücksichtigung seiner Gesichtspunkte zu zwingen. Dass eine solche Berücksichtigung möglich sei, steht von vornherein fest. Angenommen, die Wahrung des Sonntags brächte entscheidende industrielle oder handelstechnische Vorteile, so würde ohne jeden Zweifel ein Weg gefunden werden, um sie durchzusetzen. So geht es letztlich darum, ob der gläubige Teil der Bevölkerung entschlossen ist, eine Ordnung aufrechtzuhalten, die seit Jahrtausenden das Leben geformt hat, oder aber sich dahin bringen lässt, sie für Gesichtspunkte rein weltlicher Art zu opfern – welche Gesichtspunkte zudem noch durchaus im Fluss sind und sich trotz aller doktrinären Behauptungen wieder ändern können.

Aus Guardini, Romano:
Der Sonntag. Gestern, heute und immer. 4. Auflage 2008.
topos taschenbuch 364, Seite 7 bis 8

Vom Segen in alltäglichen Dingen

Damit ein Alltag Kontur gewinnt, braucht er eine minimale Ordnung, Haftpunkte, auf die ich immer wieder zurückkommen kann. Eine solche minimale Ordnung knüpft an die natürlichen Gegebenheiten des Tages an: an Morgen, Mittag und Abend. Diese Zeiten können wir verstehen als die drei Angeln einer Tür. Sie braucht diese drei Fixpunkte, damit sie hängt, gut geöffnet und geschlossen werden kann. Unerlässlich, ja unbedingt notwendig sind die Angeln unten und oben, sonst läuft sie nicht. Wünschenswert ist aber auch die dritte, die die Tür stabilisiert und ihr guten Halt gibt. Ähnlich braucht auch der Tag, damit er gut gestaltet und aus dem Glauben heraus gelebt werden kann, diese drei Haftpunkte. Im Kern ist das in einem programmatischen Text von Edith Stein zusammengefasst:

„Wenn wir morgens erwachen, wollen sich schon die Sorgen und Pflichten des Tages um uns drängen – falls sie nicht schon die Nachtruhe vertrieben haben. Da steigt die unruhige Frage auf: Wie soll das alles in einem Tag untergebracht werden? Wann werde ich dies, wann jenes tun? Man möchte gehetzt auffahren und losstürmen. Da heißt es, die Zügel in die Hand nehmen und sagen: Gemach! Meine erste Morgenstunde gehört dem Herrn. Das Tagewerk, das er mir aufträgt, das will ich in Angriff nehmen, und er wird mir die Kraft geben, es zu vollbringen …

Es kommt die Mittagsstunde. Erschöpft, zerschlagen kommt man nach Hause. Wo ist nun die Morgenfrische der Seele? Und so viel noch zu tun bis zum Abend! Muss man nicht sofort weiter? Nein, nicht ehe wenigstens für einen Augenblick Stille eingetreten ist. Und wenn keinerlei äußere Ruhe zu erreichen ist, dann wenigstens innerlich für einen Augenblick sich gegen alles andere abschließen und zum Herrn flüchten. Er ist da und kann uns in einem einzigen Augenblick geben, was wir brauchen …

Und wenn die Nacht kommt und der Rückblick zeigt, dass alles Stückwerk war und vieles ungetan geblieben ist, wenn so manches tiefe Beschämung und Reue weckt: dann alles nehmen, wie es ist, es in Gottes Hände legen und ihm überlassen. So wird man in ihm ruhen können, wirklich ruhen und den neuen Tag wie ein neues Leben beginnen."

Aus Schaller, Hans (SJ) / Terstriep, Dominik (SJ):
Vom Segen in alltäglichen Dingen. 2. Auflage 2009.
topos taschenbuch 609, Seite 11 bis 12.

Alles hat seine Zeit

„Zeit ist wie Ewigkeit und Ewigkeit wie Zeit, so du nur selber nicht machst einen Unterscheid." Kein Geringerer als der Mystiker Angelus Silesius (= Johann Scheffler, 1624-1677) hat dies gesagt. In seiner Sprache erinnert er daran, dass „Zeit" nichts anderes ist als eine aus der Zukunft kommende Gegenwart, die – sobald wir sie erleben – zur Vergangenheit zerfließt. Tempus fugit, die Zeit flüchtet bzw. ist flüchtig, sagten die Lateiner. Silesius ist mit seiner Erkenntnis nicht weit von der Albert Einsteins im Jahr 1955 entfernt, als dieser schrieb: „Die Scheidung zwischen Vergangenheit, Gegenwart und Zukunft hat nur die Bedeutung einer wenngleich hartnäckigen Illusion."

Erst die Frage nach dem Sein fordert die Frage nach dem Gewesenen und dem Kommenden. Aus Sein wurde so Werden und eben so die „Zeit". Wie die Menschheit – eher unmerklich – den Schritt aus dem bloßen Sein in das Bewusstsein getan hat, erlebt es – ebenso unmerklich – jeder einzelne Mensch: Ein Kind verlässt irgendwann einmal den „Kokon" des unveränderlichen Seins, das bergende ewige Jetzt, und wird sich der Prozesse des Wachsens, Reifens und Vergehens bewusst: Dass Sein zum Werden wird, ist uns kaum noch bewusst, auch wenn wir ständig Uhr und Kalender nutzen.

Die in der Aussage von Angelus Silesius konzentrierte Erfahrung von der Gegenwart ist nicht weit entfernt von aktuellen naturwissenschaftlichen Beschreibungen der Gegenwart. Die Ägypter hatten die gleiche Erfahrung, die flüchtige Gegenwart, in ein Bild gefasst: Geboren wird die Zeit von einer Schlange, verschlungen wird die Zeit von den zwölf gefräßigen Stundengöttinnen.

Zeitlebens nehmen wir die Zeit subjektiv nach wechselnder Befindlichkeit wahr: als rasenden Stillstand, eiliges Schleichen, wilde Jagd oder tröpfelnden Ablauf. Neben der subjektiven Wahrnehmung von Zeit und der Bemessung der Zeit durch die Abläufe der Natur hat die Moderne ein neues Zeitverständnis entwickelt. Unser normales Zeitverständnis definiert sich durch die gelungene Synchronisation von Zeitmaßen zum Zweck der Handhabung der Zeit. Zeit ist aber eine Erfindung, denn was wir Zeit nennen, ist „nur" die Koordination von Zeit. Die Zeit ist wie der Raum ein Konstrukt des Menschen, um sich zu orientieren. Weil wir durch die mehr oder minder perfekte und integrierte Zeitmessung Zeitpunkte und Zeiträume benennen können, erleben wir Zeit als einen gleichförmig fließenden unveränderlichen Zeitlauf.

Es klingt wie eine Formel für den aktuellen Zeitgeist, wenn der Zeitforscher Karlheinz Geißler laut Kölner Stadt-Anzeiger formuliert hat: „Je weniger man über die Zeit nachdenkt, desto mehr hat man." Was rein vordergründig stimmt, wenn man zeitgeistkonform Nachdenken als Zeitverlust einstuft, hat den Verlust von Geschichte und den Verlust von Bewusstsein zur Folge. Was ich nicht weiß, belastet mich zwar vermeintlich nicht, es gibt aber auch keine Basis mehr für die Zukunft. Wer nicht mehr über Zeit nachdenkt, verliert außer der Vergangenheit auch noch die Zukunft. Und Zukunft braucht Erinnerung.

Was Zeit ist, beantwortet ein heute lebender Mensch sicher anders als Menschen früherer Zeiten. Eine genaue Antwort kann aber auch der Mensch der Gegenwart nicht geben. Wesentlich über das hinaus, was Augustinus formulierte, sind wir heute immer noch nicht: „Wenn mich niemand darüber fragt, so weiß ich es; wenn ich es aber jemandem auf seine Frage erklären möchte, so weiß ich es nicht. Das jedoch kann ich zuversichtlich sagen: Ich weiß, dass es keine vergangene Zeit gäbe, wenn nichts vorüberginge, keine zukünftige, wenn nichts da wäre. Wie sind nun aber jene beiden Zeiten, Vergangenheit und Zukunft, da ja doch die Vergangenheit nicht mehr ist, und die Zukunft noch nicht ist?“

Aus Becker-Huberti, Manfred: Zeit ist wie Ewigkeit.
Über das Phänomen der Zeit. 2007.
Topos plus Taschenbuch 636, Seite 7 bis 8.

Gelassen in der Zeit

„Was das ist: Zeit? Du kommst, du gehst ... man wartet, dann ist etwas da, aber wann ist es eigentlich da? Doch nur im Entgleiten. Was das heißen soll? Was das eigentlich ist? Rätselhaft, und immer rätselhafter, je länger man lebt. Aber das glaubst du nicht: wenn man älter wird, ist sogar einige Süße dabei.“ Erhart Kästner hat diese Sätze geschrieben, und es ist wohl nicht zufällig, dass sie in seinem Athosbuch stehen. In dieser merkwürdigen und faszinierenden Mönchsrepublik verliert man die üblichen Zeitbegriffe. „Fortschritt“, „Veränderung“, „Reform“, „Zukunftsplanung“, das spielt auf einmal keine Rolle mehr. Der Tag hat sein Gepräge durch die Gebetszeiten, durch die Arbeit, die Mahlzeiten; was kommen mag, das ist Gott überlassen.

Es gibt in unseren Breiten viele Menschen, die unter Zukunftsangst leiden, die befürchten, es würden sich nur noch Katastrophen zusammenbrauen und über uns hereinbrechen. Und andere erwarten den Anbruch eines neuen Zeitalters, in dem sich alles verändert und eine ganz andere Qualität des Daseins möglich würde. Was nun wirklich im Kommen ist, wissen wir nicht bestimmt, aber es empfiehlt sich, Gelassenheit zu wahren und etwas von der Gemütsruhe der Athosmönche einzuüben, die weder einen strahlenden Optimismus noch einen düsteren Pessimismus an den Tag legen, sondern jeden Tag als ein Geschenk des Vaters annehmen, aber dabei nicht vergessen, dass unsere Tage gezählt sind.

Ist es nicht vielleicht von entscheidender Bedeutung, dass unser Tag nicht leer bleiben darf, sondern mit Sinn erfüllt werden muss? Es gibt eine Langeweile, die unser Mark auffrisst, eine Unzufriedenheit, die uns innerlich aushöhlt. Nicht, dass wir unseren Tag mit wuchernden Aktivitäten füllen sollten; wenn es da aber keine geistigen Impulse gibt, keine Aufgaben, die uns in Bewegung setzen, dann schleicht sich eine Müdigkeit ein, die uns zersetzt. Es steht noch etwas aus, das unsere Erwartung weckt, das uns hoffen lässt.

„Die Zeit eilt von einem Ort und geht an keinen andern, sondern sie ist nimmer zu finden. Und diese gab mir einen bedeutenden Wink, sie fest im Blick zu haben, und weil ich nach ihr mich umsehe, so hab ich Dich im Auge, denn Du erfüllst meine Zeit. Und so ist es denn nicht anders, dass ich nach Dir begehren muss, bis ich einschlafe und mein Auge den Dienst vergisset." So schreibt Bettine Brentano aus München an ihren Freund Achim von Arnim. Und wenn Arnim auch etwas ernüchternd zurückschreibt: „Wehe jedem, der von der Zeit ein Reifen seiner Wünsche fordert; die Zeit zeitiget nur sich selbst", so hat Bettine doch wohl einen tieferen Aspekt getroffen: wenn die Zeit mit Liebe erfüllt ist, wird sie sinnvoll. Dann verbraucht und zerstört die Zeit nicht den Menschen, sondern sie formt ihn, holt das heraus, was in ihm steckt, macht sichtbar, was an Möglichkeiten in ihm verborgen war.

Wer sich taub und blind und empfindungslos gegenüber der Zeit verhält, versperrt sich auch gegen die Chance, mit der Zeit zu reifen und Erfahrung zu gewinnen. „Es ist gut“, heißt es einmal bei Antoine de Saint-Exupéry, „wenn die verrinnende Zeit nicht als etwas erscheint, das uns verbraucht und zerstört wie die Handvoll Sand, sondern als etwas, das uns vollendet. Es ist gut, wenn die Zeit ein Bauwerk ist. So schreite ich von Fest zu Fest, von Jahrestag zu Jahrestag, von Weinlese zu Weinlese.“

Aus Betz, Otto: Vom Umgang mit der Zeit.
Ein Gradmesser unserer Lebenskunst. 2004.
Topos plus Taschenbuch 516, Seite 10 bis 11.

Ein Brief über die Zeit

Liebe Leserin – lieber Leser!

Wenn Sie diesen Text in diesem Band gelesen beiseite legen werden, wird Ihr Tod Ihnen um eben diese Stunden oder Tage näher gerückt sein. Ich erinnere Sie daran nicht, um Sie zu erschrecken. Vielmehr wird mir (und hoffentlich auch Ihnen) bewusst, dass es wertvolle Zeit ist, die Sie diesem Buch widmen: Ihre Lebenszeit. Wenn es auch nur ein geringer Teil dieser Zeit ist, so spüre ich es doch als Verpflichtung, als Last. Und ich frage mich, ob meine Gedanken es rechtfertigen, dass Ihr Leben sozusagen um ein paar Stunden kürzer geworden sein wird, wenn Sie mit der Lektüre zu Ende sind.

Was interessiert Sie an der Zeit? Sind Sie traurig, weil sie Ihnen entgleitet, während Sie das Werk der Vergänglichkeit an sich spüren? Sind Sie irritiert, weil die eine Stunde sich mühsam dahinquält, wo doch die andere wie im Flug enteilt? Misstrauen Sie den Uhren und Kalendern, den Geschichtsschreibern und den Zukunftsgurus? Beschäftigt

Sie die Frage nach dem Vorher und Nachher, nach der Vorgeschichte und der Nachgeschichte Ihres Lebens, aber auch der ganzen Menschheit? Erschreckt Sie der Gedanke, dass auch die riesigen Zeiträume der Menschheitsgeschichte nur ein Stäubchen Zeit sind im Ablauf des Universums? Vielleicht gibt es auch einen anderen Grund, der Sie veranlasst, über die Zeit nachzudenken. Fühlen Sie sich manchmal als Sklave Ihrer Uhr, Ihres Terminkalenders? Gehören Sie auch zu jenen, die nie „Zeit haben"? Oder zu den anderen, die so viel davon haben, dass sie meinen, die „Zeit vertreiben" zu müssen?

Sie merken – liebe Leserin, lieber Leser –, dass ich Sie zu einem Gespräch einlade, das mehr sein will als ein „small talk", ein unverbindliches Geplauder über die Belanglosigkeiten des Alltags. Ich lade Sie zu einem Gespräch über Sie selbst ein: mit sich, mit anderen, vielleicht in einem Brief oder Tagebuch, mit Wort und Antwort. Stellen Sie sich vor, wir säßen bei einer Schale Tee oder einem Glas Wein beisammen, gemütlich und ohne Zeitdruck, ich würde mir vielleicht eine Pfeife stopfen – man könnte es ein Kamingespräch nennen –, und in diesem Gespräch käme unser Leben vor: unsere Erfahrungen, unsere Wünsche und Sehnsüchte, unsere Ängste und Traurigkeiten. Beim Lesen eines Buches geht das nicht so direkt wie in einem mündlichen Gespräch. Sie werden vielleicht unterbrechen, nachdenken, mit einem anderen Menschen Kontakt suchen – und dann doch wieder eintreten in unser Nachdenken über die Zeit.

Für dieses (schriftliche) Gespräch habe ich mir bewusst „Zeit genommen", ich habe eine Reihe von Tagen ganz freigehalten von den übrigen Verpflichtungen, die meine Zeit so oft zerstückeln, Ruhe und Sammlung verhindern. So unbehindert, ungestört mit Ihnen reden zu können, ist mir wichtig. Es sind also keine Zeitschnipsel, Abfallprodukt meiner übrigen Verpflichtungen, die ich zum Schreiben nütze. Sie haben somit auch ein Stück meines Lebens in Händen.

Wenn Ihnen – liebe Leserin, lieber Leser – Uhr und Kalender fragwürdige Mess- und Zählgeräte sind, die das Wesen der Zeit eher verbergen als offenbaren, dann sind Sie mir ein willkommener Weggefährte für die Wanderung durch die Zeit. Auch wenn der Kalender behauptet, Ihr Lesen und mein Schreiben fänden zeitversetzt statt: der Kalender irrt. Er kann ja nur das Datum nennen. Er weiß nicht, dass Sie jetzt lesen, während ich jetzt schreibe. Und über die Grenzen messbarer Zeit hinweg sprechen wir miteinander: im Jetzt.

Aus Kaspar, Peter Paul: Die Uhren lügen.
Von der Gelassenheit im Umgang mit der Zeit. 2006.
Topos plus Taschenbuch 614, Seite 9 bis 12 (auszugsweise).

Vom Wunder der Weihnacht

Einführende Gedanken

Die hell beleuchteten Straßen und Schaufenster in unseren Städten und Dörfern verraten, dass schon am zweiten Adventssonntag viele Menschen mitten in den Vorbereitungen auf das Weihnachtsfest stehen. Gerade in der Adventszeit unternehmen die Menschen sehr viel und investieren große Kraft in ihre Vorbereitungen, um das Weihnachtsfest gelingen zu lassen. Selten geben wir uns aber Rechenschaft darüber, dass es bei und trotz unserer Bemühungen und Anstrengungen nicht mehr in unserer Hand liegt, ob Weihnachten dann auch wirklich gelingen wird.

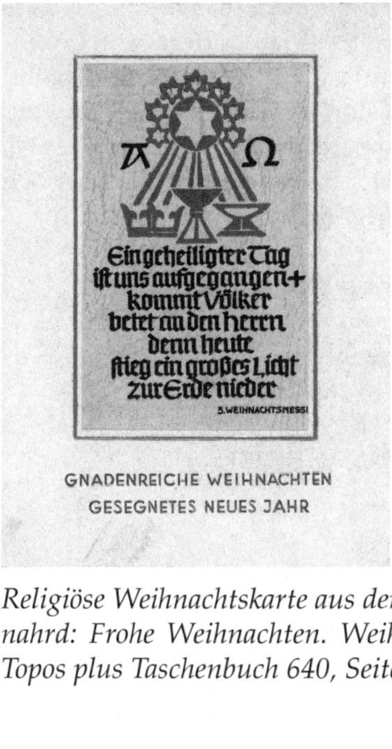

Religiöse Weihnachtskarte aus dem Jahr 1939. Aus: Wagner, Bernahrd: Frohe Weihnachten. Weihnachtsgrße damals und heute. Topos plus Taschenbuch 640, Seite 20.

Wir Menschen können uns zwar gründlich auf Weihnachten vorbereiten; ein gutes Gelingen ist damit freilich noch keineswegs garantiert. Selbst wenn alle unsere Vorbereitungen bestens erledigt sind, kann doch ein einziges ungutes Wort das ganze Weihnachtsfest gründlich verderben, weil durch eine Ungeschicklichkeit die ohnehin schon überstrapazierten Nerven der Mutter versagen oder beim Vater Trauer und Unzufriedenheit die Oberhand bekommen können.

Solche Vorkommnisse, die wir vielleicht aus eigener Erfahrung kennen, rufen in Erinnerung, dass wir das Weihnachtsfest zwar vorbereiten können, dass aber sein Gelingen nicht mehr in unserer Hand liegt, dass es sich vielmehr von sich selbst her ergeben will, wenn es sich wirklich um Weihnachten handelt. Doch diese unvorhersehbare Seite von Weihnachten vergessen und verdrängen wir Menschen heute oft. Darin liegt das unfehlbare Anzeichen dafür, dass heute weithin ein säkularisiertes Verständnis von Weihnachten und von der Adventszeit im Vordergrund steht. Denn es gehört zur Säkularisierung unserer Lebenswelt, dass das Handeln des Menschen groß geschrieben wird, das Warten-Können auf das Handeln Gottes an uns jedoch in den Hintergrund rückt oder ganz verschwiegen wird.

Aus Koch, Kurt (Bischof von Basel): Vom Wunder der Weihnacht. Meditationen zu Advent und Weihnacht. 2003. Topos plus Taschenbuch 507, Seite 13 bis 14.

Bei sich selber zu Hause sein

Bei sich selber zu Hause sein
innere Räume durchschreiten
um zum Ort der Ruhe zu gelangen
wo ich sein darf
Bei sich selber zu Hause sein

um offen zu werden für Begegnungen,
in denen die Verschiedenheit Platz hat,
weil ich in mir selber ruhen kann
Bei sich selber zu Hause sein
im Entfalten der Aufmerksamkeit
für das Wesentliche im Leben
das Sinn stiftet und beglückt
Bei sich selber zu Hause sein
nicht mehr nur außerhalb suchen
was sich in meinem tiefsten Seelengrunde ereignet:
Gottes Advent in mir

Aus Stutz, Pierre: Bei sich selber zu Hause sein. Ein Adventskalender. 2007. Topos plus Taschenbuch 651, Seite 13.

(K)ein Stern stand über Betlehem

Solange die Menschen noch die Bibel wortwörtlich lasen, gab es nicht die Frage nach dem Stern. Erst als man nach dem naturwissenschaftlichen Hintergrund der Texte zu fragen begann und für alles eine Erklärung brauchte, wurde der ein Problem. Große Astronomen haben geforscht und Theorien aufgestellt. So hatte Johannes Kepler (1571-1630) nach den Beobachtungen des Himmels und dem Auftauchen eines neuen Sterns 1604 den als eine Planetenkonjunktion, dem gleichzeitigen Auftreten von zwei Planeten, von Jupiter und Saturn gedeutet, die in diesem wie in etwa jeweils 20 Jahren zu beobachten ist. Etwa alle 258 Jahre kann eine solche Konjunktion dreimal innerhalb eines Jahr gesehen werden und alle 794 Jahre ist sogar diese Konjunktion im selben Sternbild sichtbar, wie zuletzt zwischen August 1940 und Februar 1941.

Dieses seltene Schauspiel ließ Keppler nachrechnen, wann früher solche Konjunktionen stattgefunden hatten. Tatsächlich gab es im Jahre 7 vor Christi Geburt eine im Sternbild der Fische. Kepler glaubte nun, dass diese Konjunktion die Weisen vielleicht aus dem Osten geführt hätte. Dabei hat er das seltene Schauspiel für so bedeutsam angesehen, dass die Frage, wie denn der Stern mit einem Mal von Norden nach Süden, von Jerusalem nach Bethlehem gezogen und dort über dem Haus stehen geblieben war, in den Hintergrund trat.

Dass der neue Stern von 1604, die Nova eine Folge der Konjunktion sei, wurde bald infrage gestellt, aber das Bemühen der Astronomen, die Konjunktion von Jupiter und Saturn zum Stern zu erklären taucht seitdem immer wieder in den Nachrichten und Zeitungen auf. Selbst an und für sich solide Bücher versuchen diese Meinung auf teilweise abenteuerlichen Wegen zu erklären. Dass nach der Entdeckung und Entzifferung babylonischer Keilschriften im Jahre 1925 die Konjunktion für das Jahr 7 beschrieben wurde ist zwar reizvoll und bestätigt die Berechnungen Keplers, ist aber kein Beweis für die alte Meinung, es habe sich um den Stern gehandelt.

Bei all diesen Erklärungen wurde ja nicht berücksichtigt, dass Matthäus nicht Reporter der Medien war, sondern Theologe mit großen Bibelkenntnissen und vorzüglicher Gestaltungs- und Kompositionskraft.

Seine Idee, dass im Alten Testament prophezeit sei, dass Jesus der Messias sei, ließ ihn nach allen möglichen Zitaten suchen, die seine These belegen könnten. Dabei versuchte es auch Stellen der Schrift so zu interpretieren, dass sie in seine Theorie passten. Sein Zitat aus Micha und 2 Samuel zu der Stadt Bethlehem als der Davids- und Geburtsstadt Jesu, das die Schriftgelehrten dem Herodes für die Weisen sagten, ist ziemlich freizügig gewählt und interpretiert. Seine Kenntnis der Bibel erlaubte ihm die Weissagung Bileams in Numeri 24,17b aufzugreifen, wo es heißt: Ein Stern geht in Jakob auf, ein Zepter erhebt sich in Israel.

Aus Kohl, Hermann Joseph: (K)ein Stern stand über Betlehem. 2007. Topos plus Taschenbuch 639, Seite 87 bis 88.

Quirinius, die Steuer und der Stern

Weihnachten ist vermutlich das Lieblingsfest vieler Menschen in Europa, in der ganzen Christenheit. Und zu Weihnachten singen sie gern den Choral „Zu Betlehem geboren ist uns ein Kindelein ..." Aber die Religionslehrerin neben ihnen in der Kirchenbank und erst recht der Fachmann vom Neuen Testament auf der anderen Seite, sie schütteln den Kopf und murmeln im Stillen vor sich hin: Ist er aber gar nicht! Er ist in Nazaret geboren!

Die allermeisten Menschen sind verunsichert, wenn sie hören, das Evangelium biete ja „nur" Legenden. Und sofort sind sie bei der Frage: Also ist alles nur erfunden? Kann man den Evangelisten Matthäus und Lukas, die von der Kindheit Jesu berichten, glauben oder nicht? Wollten sie uns Realität, historisch wirklich so Geschehenes mitteilen oder hatten sie keine Ahnung und haben nur Märchen erzählen wollen? Gab es also die Steuererhebung des Kaisers Augustus zur Zeit der Geburt Jesu oder gab es sie nicht? Und keinen Quirinius? Und Maria ist nie nach Betlehem gezogen? Dann ist das Ganze ja ein wahnsinniger Schwindel!

Aber wenigstens der Stern von Betlehem? Nein, belehrt uns der Fachgelehrte, der erst recht gehöre zu einer „Wundergeschichte", und nur eine solche habe Matthäus zweifellos schreiben wollen. Dahinter ein historisches und astronomisches Ereignis auch nur zu vermuten, weise den Betreffenden, mit Verlaub, als leichtgläubigen Tor aus.

Gerade aber der Stern, der am allerwenigsten von allen Aussagen der Evangelisten eine Chance zu haben schien, real gemeint zu sein, gerade er hat sich völlig rehabilitiert. Hat sich als astronomisch korrekt, als historisch und geografisch stimmig erwiesen. Denn die Sterne laufen ihre Bahnen heute wie damals.

Was bedeutet das für unseren christlichen Glauben? Gottes Sohn ist wirklich Mensch geworden, nicht Literatur!

Vielleicht haben wir zwischen den Wundern der Gnade und denen der Schöpfung einen zu tiefen, nicht begründeten Graben gezogen. Gewiss ist allenthalben und für jeden, der als Christ glauben will, unersetzbar wichtig, kritisch zu sein, und zwar gerade weil er glaubt! Weil wir Christen keine Angst haben, dass Gott, der uns den Verstand als Gabe seines Geistes gegeben hat, sich uns in allem zeigen kann und nur dann sich als der Wahre zeigt, wenn wir unterscheidend all das beiseite räumen, das „wie Gott" daherkommt, was sich „als Gott" maskiert, was uns als „Gott" zu glauben befohlen wird.

Glauben kann nur, wer kritisch ist. Aber dann wird eben dieser kritische Verstand ein ums andere Mal dastehen und den Kopf schütteln und sagen: Das ist ja nicht zu glauben! Dass just in jener Nacht, da die Sterndeuter vor Betlehem standen, weil sie eigentlich nach Jerusalem reisen wollten, um dem neugeborenen König in seinem Palast zu huldigen, dass sie tatsächlich vor und über Betlehem, das sie gar nicht auf ihrer Rechnung hatten, diesen Stern sahen, dieses Licht, das von ihm auszugehen schien, und das womöglich noch ein Haus genau markierte ... das kann doch nicht wahr sein!

Nun gut, dann geh hin. Schau es dir an. Rechne nach. Gott kann mit seinen Wundern auch den kritischsten aller Wissenschaftler erreichen und gewinnen. Damit dieser glaubt, weil er weiß!

Aus Wrembek, Christoph (SJ): Quirinius, die Steuer und der Stern. Warum Weihnachten wirklich in Betlehem war. 2006. Topos plus Taschenbuch 612, Seite 296 bis 299 (auszugsweise),

betlehem

ein stern
springt aus der sternenbahn
ganz frei
zieht er dahin

ein berg
steht auf und hebt sich fort
ganz leicht
von hier nach dort

ein mensch
verlässt den lauf der welt
ganz frei
wird er zum weg

ein stern
ein mensch ein weg ein licht
ganz hell in unser dunkel bricht

Aus Willms, Wilhelm: alle nächte werden hell. Ausgewählte Texte. Mit einer Einführung von Berthold Weckmann. 2006. Topos plus Taschenbuch 584, Seite 11.

Fragen zu Religion, Christentum und Theologie

Dreifaltigkeit

Der Begriff Dreifaltigkeit, laut. Trinität – auch von der Dreieinigkeit ist die Rede – dient als Hoheitsbezeichnung für den einen Gott in drei Personen gemäß christlicher Überzeugung und Lehre. Das Bekenntnis zu ihm gründet im Ein-Gott-Glauben Israels, bringt aber zum Ausdruck, dass Jahwe in exklusiver Weise als Vater Jesu Christi und Ursprung des Heiligen Geistes gelten muss. Damit ist der christliche Monotheismus als offener Monotheismus erwiesen. Denn der eine und einzige Gott wird nicht streng unitarisch, sondern eben trinitarisch aufgefasst: Gott ist einer als Vater, Sohn und Geist. Anstöße für die trinitarische Erweiterung der alttestamentlichen Tradition kamen von der Reich-Gottes-Predigt Jesu, vom Eindruck seiner herausragenden Persönlichkeit und Spiritualität, schließlich von der Erfahrung seines Todes und seiner Auferstehung.

Gläubige Jüdinnen und Juden waren in Jesus auf neue Weise dem Gott der Väter begegnet und hatten seinen Geist empfangen. Von ihm bestärkt, gelangten sie zu der Auffassung, der Nazarener sei Gottes Sohn von Ewigkeit und zusammen mit dem Geist wie der Vater Herr und Gott. Demnach ist als Grundlage für die christliche Trinitätslehre die historische alius, non aliud-Erfahrung der Anhängerschaft Jesu anzusehen: Im Sohn und im Geist gab sich Gott selbst zu erkennen. Doch Sohn und Geist sind jeweils andere als der Vater. Sie werden nicht mit Jahwe identifiziert, wirken aber wie er auf göttliche Weise und können darum nichts anderes sein als der Vater – sie teilen mit ihm die göttliche Natur. Obwohl die neutestamentlichen Schriften keine ausdrückliche Trinitätslehre entwickeln, bezeugen sie den eben beschriebenen Zusammenhang und fordern seine systematische Durchdringung heraus.

Die frühe Kirche hat sich dieser Aufgabe gestellt und mit Hilfe philosophischer Begrifflichkeiten das trinitarische Bekenntnis und Gotteslob der ersten Gemeinden zu einer genuin trinitarischen Theologie ausgeformt. Dabei war das folgende, von der neutestamentlichen Basiserfahrung vorgegebene Grundprogramm zu beachten: Die Betonung der Einheit und Einzigkeit Gottes durfte nicht die Differenz der drei göttlichen Namen und der mit ihnen bezeichneten, je eigenen Handlungsträger verwischen. Griechisch- wie lateinischsprachige Autoren haben zu diesem Zweck zwischen dem einen Wesen Gottes (der einen usia oder der einen substantia) und den drei Personen (den drei Hypostasen oder personae) unterschieden. So ließ sich zeigen, was Vater, Sohn und Geist gemeinsam gehört und worin sie in ihrer Eigenart hervortreten.

Mit den Konzilien in Nizäa (325) und Konstantinopel (381) wurde lehramtlich bestätigt, dass sowohl der Sohn wie der Heilige Geist an der Natur des Vaters teilhaben und deshalb mit ihm zugunsten der Menschheit zusammenwirken. Mittelalterliche Synoden, zum Beispiel das Vierte Lateranum (1215), rundeten das trinitarische Dogma ab, indem sie den überlieferten Glauben in die Formel ‚Ein Gott in drei Personen' gossen. An ihr halten die großen christlichen Konfessionen bis heute fest.

Als Mysterium im strengen Sinn des Wortes sperrt sich die Lehre vom dreifaltigen Gott aber im Letzten gegen alle Versuche der denkerischen oder definitorischen Bewältigung. Es zwingt dazu, Gott in die Unbegreiflichkeit hinein frei zu geben, ohne dass Christinnen und Christen von der Pflicht der fortwährenden trinitarischen Verkündigung und ihrer intellektuellen Sicherung dispensiert wären. Verkürzungen in der Sache gilt es nach wie vor zu vermeiden: Der christliche Dreifaltigkeitsglaube darf weder eine unbiblische Drei-Götter-Lehre heraufbeschwören noch der Meinung Vorschub leisten, die Namen Vater, Sohn und Geist stünden für unterschiedliche Verhaltensweisen einer einpersönlichen Gottheit im Gegenüber zur Kreatur. Für die Erneuerung des trinitarischen Glaubens in Theorie und Praxis empfiehlt sich deshalb eine verstärkte Aufmerksamkeit auf die begriffliche und inhaltliche Darstellungsweise des biblischen Gottesbildes: Zu überdenken ist vor allem die Rede von den drei göttlichen Personen, die Frage nach der Priorität des Vaters gemäß biblischer Vorgaben und nicht zuletzt der Zusammenhang von Lehre und Leben: Theologische Probleme kommen nachgerade im Blick auf Gottesdienst und Gebet zum Vorschein. Auch die Art und Weise, wie sich Christinnen und Christen als Kirche Gottes zu verstehen haben, hängt davon ab, ob sie ihrem trinitarischen Glauben gebührende Beachtung schenken.

Aus Stubenrauch, Bertram: Dreifaltigkeit. 2002.
Topos plus Taschenbuch 434, Seite 139.

Das Buch der Bücher

Dass die Bibel ein besonderes Buch geworden ist, verdankt sie nicht allein ihrem Inhalt und auch nicht dem Faktum, dass sie in alle Sprachen übersetzt und unzählige Male gedruckt und verbreitet worden ist, sondern der inneren Verbindung, die zwischen denen besteht, die sie lesen und denen, die sie hervorgebracht haben. Die Bibel gibt es, weil Menschen ihre Erfahrungen mit Gott festgehalten und weitergegeben, ihren Glauben bezeugt und ihrer Hoffnung schriftlich Ausdruck verliehen haben. Dieses Zeugnis der Erfahrung, von Gott angesprochen zu sein und ihr Leben danach auszurichten, haben sie an die nachfolgenden Generationen weitergegeben, die wiederum ihre Lese- und Lebenserfahrung in die vorhandenen Texte eingebracht haben, sodass Stück um Stück, Generation um Generation, das „Buch der Bücher“ wachsen konnte.

Auch nach seinem Abschluss ist dieses Buch mit derselben Intention, aus und mit dem Glauben und den Glaubenserfahrungen der Früheren zu leben, weitergegeben und benutzt worden. Auf diese Weise verbindet die Bibel die Glaubensgemeinschaft durch alle Zeiten. Und die tiefste Verbindung zwischen Judentum und Christentum besteht letztendlich in der in der Heiligen Schrift gründenden Berufung und Erwählung von Israel und Kirche. Die Glaubensgemeinschaft, nicht die Wissenschaft, die selbst nur helfend zur Seite treten kann, hält letztendlich jedem heutigen Menschen diese Bibel mit ihrem Anspruch und Auftrag bereit.

Wer die Bibel liest, wendet sich also nicht nur schöner und interessanter Literatur zu, sondern in erster Linie tritt er ein in die Gemeinschaft der Glaubenden, die dieses Zeugnis bereithalten und immer weitergeben. Wer immer die Bibel liest, kann sich diesem ihrem speziellen Anspruch natürlich entziehen oder sich ihm bewusst verweigern, aber dieser Kontext, in dem die Bibel bis heute überliefert worden ist, lässt sich nicht verleugnen, zumal er für das Verstehen der biblischen Texte unabdingbare Voraussetzung ist.

Dies hat aber Konsequenzen für jeden Einzelnen, ob er als bewusstes Mitglied der Glaubensgemeinschaft diese Bibel zur Hand nimmt oder als Betrachter mit kulturellem oder literarischem Interesse. Müssen Erstere sich nämlich bewusst machen, dass die Bibel Literatur ist, die als solche, und d.h. zuerst einmal als Ganze, gelesen werden will, so müssen Letztere bedenken, dass diese Literatur der Bibel auch und gerade eine Funktion im Glaubensleben von Juden und Christen hat.

Das „Bibel-Lesen“ muss und soll im Zentrum des christlichen Lebens stehen. Dass auf Grund der vielfältigen Besonderheiten der Bibel und ihres Wachstums in fremder Kultur und ferner Zeit dieses Lesen nicht in einem schlichten Aufschlagen des Buches und direktem Anfangen möglich ist, kann jeder bezeugen, der diesen Weg schon einmal versucht hat. Der beste Weg zum Bibel lesen ist wohl der, über besondere Einzeltexte in die Welt der Bibel einzusteigen. Solche Einzeltexte können Lesungen aus der kirchlichen Liturgie ebenso sein wie Bibelzitate, die im Raum unserer Kultur begegnen (Kunst, Musik, Literatur etc.) oder die – irgendwann und irgendwo gehört – einem selbst wichtig geworden sind. Einstiegstexte können natürlich auch ausgewählte Vorgaben zu zentralen biblischen Texten sein.

Ausgehend von solchen Einzeltexten sollte man, wenn man alleine liest, zuerst den näheren oder etwas weiteren Kontext des ausgewählten Textes lesen, um ihn aus seinem Kontext heraus zu verstehen, dann mit ihm in Verbindung stehende – ergänzende oder widersprechende – Texte heranziehen. Diese findet man entweder durch Querverweise auf solche Bibelstellen, wie sie in vielen Bibelausgaben am Seitenrand oder am Ende eines Kapitels notiert sind, oder aber durch entsprechende Wortkonkordanzen, in denen man zentrale Begriffe eines Textes nachschlagen kann und dort weitere Stellen zu dem Stichwort und damit eventuell zu dem weiteren Thema findet. Letzteres lässt sich heutzutage durch entsprechende PC-Programme, die den Bibeltext mit Konkordanzfunktionen schon verbinden, perfektionieren und vor allem erleichtern.

Auf so einem Weg des kontextuellen Lesens bekommt man zu Beginn vielleicht den Eindruck, von Stelle zu Stelle quer durch die Bibel getrieben zu werden, aber Stück um Stück – hat man erst einmal zwei oder drei Texte gelesen, die sich auf ein und denselben anderen beziehen – erschließt sich einem erst ein Bibeltext, dann weitere und schließlich kleine und größere Zusammenhänge. Wie bei einer Erkundung in einer fremden Stadt werden einem Verbindungswege vertraut, Bekanntes begegnet immer wieder und mehr und mehr findet man die Stellen, die einem selbst im Leben wichtig werden, und so wird der Lesende selbst Teil der biblischen Überlieferung.

Aus Dohmen, Christoph / Hieke, Thomas: Das Buch der Bücher. Die Bibel – Eine Einführung. 2. Auflage 2007. Topos plus Taschenbuch Band 524, Seite 190 bis 193.

Die Jüngerinnen – Frauen im Neuen Testament

Bei genauerer Lektüre des Neuen Testaments finden sich rund um Jesus von Nazaret und in der in der Apostelgeschichte und den Apostelbriefen geschilderten Urkirche erstaunlich viele Frauen, die trotz der männlich dominierten Kultur von den Autoren nicht übergangen werden konnten. In späterer Folge haben eine patriarchalische Geschichtsauffassung und die christliche Tradition die bekanntesten unter diesen Frauen in Klischees gepresst und einseitig auf Mütterlichkeit, Haushalt oder Sexualität reduziert. Aber waren die Frauen im Neuen Testament wirklich nur demütig, dienend oder sündig? Wie waren sie wirklich?

Um Genaueres über diese zahlreichen Frauen, von denen mehr als dreißig sogar namentlich genannt werden, zu erfahren, müssen wir sie aus ihrem biblischen Schatten holen.

Jesus hat bekanntlich nichts Schriftliches hinterlassen. Also können wir nur jenen Texten, die sein Leben und Wirken schildern, Fakten entnehmen. Jesu Verhältnis zu Frauen ist nirgendwo ein Leitmotiv.

Zunächst – so auf den ersten Blick in die Evangelienberichte – scheinen Frauen im Leben Jesu keine besondere Rolle zu spielen. Für seine Geburt war selbstverständlich eine Frau als Mutter vonnöten, ansonsten sind aber Details aus der Kindheit nur spärlich und ohnedies weitgehend literarisch zu sehen. Auch später, in der Zeit seines öffentlichen Wirkens, das ungefähr zwei Jahre gedauert haben dürfte, scheinen hauptsächlich die männlichen Jünger, aus denen er schließlich zwölf auswählt, wichtig zu sein. Es geht um deren Berufung, deren Motive, warum sie Jesus begleiten, deren Worte und Reaktionen.

Wenn wir heute näher hinsehen, auf den zweiten Blick also, dann sehen wir allerdings, dass den Frauen in Jesu Umfeld eine wesentlich wichtigere Rolle zukommt. Sie sind nicht bloß die scheinbaren Randfiguren, die dienenden Wesen und stillen Mäzeninnen, die Jesus und die Jüngergruppe selbstlos versorgten und als Klageweiber der Geschichte beim Kreuz und Grab standen. Es lohnt, beim Lesen der Texte den Blick einmal ausschließlich auf sie zu lenken und sie vor den Vorhang der Geschichte treten zu lassen.

In diesem Zusammenhang muss eine Frau erwähnt werden, die es geschafft hat, ohne überhaupt in den Evangelien aufzuscheinen, dennoch mit dem Kreuzweg Jesu geradezu untrennbar in Verbindung gebracht zu werden. Es handelt sich um das Phänomen Veronika. Die Geschichte vom so genannten „Schweißtuch der Veronika“ zählt zu den bekanntesten Bild-Legenden des Passionsgeschehens.

Seit dem 4. Jahrhundert taucht in der apokryphen Literatur eine „Berenike“ (=lateinisch „Veronika“) auf, die schon in den „Pilatus-Akten“ als Zeugin für ein Heilungswunder Jesu aufgetreten war. Unter dem aus Berenike abgeleiteten Namen „Veronika“ wächst in der Folge ihre Bedeutung, zunächst noch ohne das Schweißtuch-Motiv. Nach einer Quelle aus dem 6. Jahrhundert besaß Veronika ein gemaltes, heilkräftiges Bild, das die Schuld des Pilatus erwiesen und Kaiser Tiberius gesunden hatte lassen.

Die bekannte Legende kam erst viel später (im 13. Jahrhundert) auf und entsprach der im Mittelalter überbordenden Kreuz- und Leidensmystik: Veronika begegnet auf dem Kreuzweg Jesus, reicht ihm ein Tuch, um damit Schweiß und Blut abzuwischen, worauf sich das Antlitz Jesu im Tuch verewigt. Von hier ausgehend hat sich jener

Bildtypus entwickelt, wonach auf einem gemalten, oben beiderseits gerafften und in Falten nach unten fallenden weißen Tuch der blutige, dornengekrönte Christuskopf dargestellt ist.

Neben den Frauen, die entweder einen persönlichen Kontakt oder eine andere direkte Beziehung zu Jesus hatten, gibt aber auch solche, die mit der Botschaft Jesu in Berührung gekommen waren und darauf positiv oder – wie von einigen „Fällen" berichtet wird – auch negativ reagiert haben. Das Wissen über diese Frauen beziehen wir hauptsächlich aus der Apostelgeschichte, die ebenfalls Lukas zugeschrieben wird und etwa um das Jahr 80 verfasst wurde. Sie richtet sich an Heidenchristen im hellenistischen Raum, wie auch Lukas selbst Hellenist ist. Es ist also nicht verwunderlich, dass auch seine Adressatinnen zu diesem Umfeld gehören.

Auch die Briefe des Paulus erlauben einen wichtigen Einblick in das Leben der urchristlichen Gemeinden. Paulus bediente sich des Mediums „Brief", um auf Glaubensfragen zu antworten, um Schwierigkeiten in den Gemeinden zu lösen, um pastorale Anweisungen zu geben, um neubekehrte Christen zu ermahnen, zu trösten und zu bestärken und um immer wieder auch Grußbotschaften mitzuschicken. Diese Briefe waren – außer wenn sie an Einzelpersonen gerichtet waren – auch dazu bestimmt, der versammelten Gemeinde vorgelesen zu werden. In seinen Briefen spricht Paulus immer wieder Personen konkret an und erwähnt diese namentlich. Darunter befinden sich auch Frauen.

„Ich empfehle euch unsere Schwester Phöbe, die Dienerin der Gemeinde von Kenchreä: Nehmt sie im Namen des Herrn auf, wie es Heilige tun sollen, und steht ihr in jeder Sache bei, in der sie euch braucht; sie selbst hat vielen, darunter auch mir, geholfen." (Römerbrief 16,1-2)

Der griechische Name Phöbe bedeutet „die Leuchtende, Glänzende"; in der griechischen Mythologie ist es auch der

Name einer Titanentochter. Ihr griechischer Name lässt vermuten, dass sie eine Heidenchristin war. Paulus bezeichnet Phöbe als „Dienerin", griechisch diakonos, also „Diakonin", in der Gemeinde von Kenchreä, einem Ort in der Nähe von Korinth. Die Formulierung des Paulus legt den Schluss nahe, dass sie selbst die Überbringerin des Briefes in Rom war, sozusagen seine „Gesandte". Mit seinem Empfehlungsschreiben in Händen sollte diese Missionarin und Lehrerin von der römischen Gemeinde aufgenommen und unterstützt werden – als Gegenleistung für die Hilfe, die sie ihm und vielen anderen angedeihen hatte lassen. Phöbe wird nicht in Verbindung mit einem Mann genannt, sondern als eigenständige Person. Sie war offensichtlich wohlhabend genug, um missionarische und wohltätige Unternehmen finanzieren zu können. Vielleicht war sie eine Geschäftsfrau in Kenchreä, dem östlichen Hafen der Großstadt Korinth am Saronischen Golf.

Phöbe muss demnach eine einflussreiche Frau gewesen sein, deren Autorität in der Gemeinde und auch von Paulus anerkannt worden ist. Er nennt sie sogar „unsere Schwester". Sie war eine gleichrangige, unabhängige Dienerin Gottes, eine Apostolin und Missionarin. Und trotzdem ist sie in Vergessenheit geraten. Nur zwei Verse sind es, die im Neuen Testament auf sie Bezug nehmen – wenig für eine so engagierte, einsatzbereite Frau, die bestimmt keine Randfigur war.

Aus Rosenthal, Jos:
Die Jüngerinnen. Frauen im Neuen Testament. 2004.
Topos plus Taschenbuch 534,
Seiten 11, 17, 81 bis 82, 90, 102 bis 104 (gekürzt).

Maria – Spiegel der Erwartungen Gottes und der Menschen

Maria von Nazaret ist eine Jüdin aus vermutlich priesterlichem Geschlecht (ihre Verwandte Elisabet ist mit einem Priester verheiratet), verehelicht mit Josef aus dem Geschlecht Davids. Sie erscheint in den kanonischen Evangelien als „Mutter Jesu" (so nur Joh 2,1.3, sonst „seine Mutter" u. a. unter Bezug auf Jesus) engstens mit dem Werden, eng mit dem Wirken und eher beiläufig mit dem Sterben und der Erhöhung ihres Sohnes verbunden. Mt und Lk berichten von einer nichtehelichen Schwangerschaft, die sie auf das Wirken des Heiligen Geistes, nachneutestamentliche antichristliche Schriften auf ein Verhältnis mit einem römischen Soldaten zurückführen. Ob die in den Evangelien erwähnten Geschwister Jesu leibliche Kinder Marias sind, kann exegetisch nicht eindeutig belegt werden; die Entscheidung fällt von der Dogmatik her.

Geburt und Kindheit des Sohnes ziehen mancherlei Beschwerden für die Mutter nach sich (aushäusige Niederkunft, Flucht); sie erlebt schmerzlich die Ablösung des Pubertierenden und scheint wie die ganze Familie zeitlebens in einer gewissen Spannung zu Jesus gestanden zu haben. Nie aber hat sie wohl an seiner Berufung gezweifelt. Nur bei Joh ist sie Augenzeugin seiner Hinrichtung.

Nach Ostern (sie zählt nicht zu biblisch erwähnten Auferstehungszeugen) gehört sie der Jerusalemer Urgemeinde an. Zeit und Ort (Jerusalem, Betlehem, Ephesus werden genannt) ihres Todes sind unbekannt. Diese kargen Angaben der kanonischen Schriften wurden durch mehrere apokryphe Romane erheblich angereichert, wobei nicht auszuschließen ist, dass einige Referenzen historisches Material verwenden (z. B. möglicherweise die Namen der Eltern Mariens Joachim und Anna). Jedenfalls dienten sie in der

Folge als Steinbruch, von dem die Liturgie und vor allem die Kunst profitierten.

Wenn Lk ihr das (sicher nicht historische) Wort in den Mund legt: „Von nun an preisen mich selig alle Geschlechter“ (1,48), zeigt sich darin der Reflex einer bis in die Anfänge des Christentums zurückreichenden Verehrung ihrer Gestalt, die tatsächlich nie unterbrochen worden ist. Sie hatte Auswirkungen auf die christliche Glaubenslehre wie auch auf die christliche Spiritualität. Die in der Geschichte zum Ausbruch gekommenen Streitigkeiten unter den Christen hatten daher sehr oft auch Spannungen hinsichtlich Marias zur Folge. Während sie hohe theologische wie pastorale Bedeutung in den Kirchen des Ostens und in der römisch-katholischen Kirche besitzt, ist die reformatorische Position zwar heute nicht mehr durchgehend strikt ablehnend wie zu manchen Zeiten vorher, wohl aber zurückhaltend-reserviert. Hauptgrund dafür ist der Verdacht, eine exzessive Marienverehrung tue der Verehrung Christi Abbruch, eine zu profilierte Hervorhebung ihrer dogmatischen Gestalt schmälere die Alleinmittlerschaft Christi.

Die christliche Lehre hat die Stellung der Mutter Jesu in vier dogmatischen Sätzen umrissen, von denen die beiden im ersten Jahrtausend formulierten Gemeingut aller christlichen Konfessionen sind; die beiden letzten des 19. und 20. Jahrhunderts sind als Dogmen nur für die römischen Katholiken verbindlich; die Christen des Ostens verehren liturgisch aber die darin ausgesprochenen Qualitäten Marias.

Im Dogma der Mutterschaft zu Gott von 431 wird im Rahmen der Klärung christologischer Streitigkeiten definiert, dass das Kind Marias vom ersten Augenblick seiner menschlichen Existenz an Gott (zweite göttliche Person) ist, seine Mutter also im Gebären eines Menschen auf Menschenart Mutter Gottes geworden ist.

Der Satz von der immerwährenden Jungfräulichkeit, grundgelegt in den Kindheitsgeschichten von Mt und Lk, ausformuliert in den alten Taufbekenntnissen und erweitert im 2. Konzil von Konstantinopel (553), weist in der Dimension eines biologischen Zeichens auf die Gnadenhaftigkeit der Menschwerdung Gottes aus Maria hin: Jesu Existenz und Wirken hat keinerlei Basis in menschlicher Leistung, setzt aber den (selber gnadenhaften) Glauben voraus, für dessen Totalität die Immerjungfrauschaft Marias steht.

Die Unbefleckte Empfängnis Marias durch ihre Eltern (Pius IX. 1854) ist ausgehend von der Erwählungstheologie des Neuen Testaments die dem freien Willen Gottes zugerechnete Enthebung der Mutter seines Sohnes von aller (Erb-)Schuld.

Maria ist mit Leib und Seele in den Himmel aufgenommen, verkündete Papst Pius XII. (1950) in Fortführung der Erkenntnis der radikalen göttlichen Gnadenwahl Marias, diesmal aber bezogen auf die Vollendung in der absoluten Zukunft Gottes.

Über diese verbindlichen Formeln hinaus hat die Mariologie als Disziplin der Dogmatik sich mit weiteren Aussagen befasst: Marias Beziehung zur Trinität, zum Heilswerk (Gnadenmittlerschaft, Miterlöserschaft), zur Geschlechteranthropologie (Feministische Mariologie), zur Kirche als Gemeinschaft der Glaubenden („Typus der Kirche"), zum geschichtlichen Vollzug der Erlösung (Befreiungstheologische Mariologie). Überdies hat sich gezeigt, dass nahezu alle Regionen der Dogmatik durch die mariologische Dimension tangiert und befruchtet werden. Maria ist in der Tat der Spiegel für das göttliche Heilswollen und die menschliche Heilssehnsucht.

Die Verehrung ihrer Person gründet in letzter Hinsicht im dankbaren Lobpreis des konkreten Geschichtswirkens Gottes, ist also dem Wesen nach Gottesverehrung durch Christus. Erst in diesem Rahmen ist eine unmittelbare Hinwendung zu ihr selber legitim als existentielle Verwirklichung des Glaubens und der Liebe. In der Geschichte hat sie oft überschwängliche Formen angenommen, unter denen die theologische Grundausrichtung ab und an verschüttet wurde. Es dürfte keinen Sektor und kein Medium des kulturellen Lebens in der christlichen Welt geben, die für die Marienverehrung nicht in Anspruch genommen worden waren.

Aus Beinert, Wolfgang: Maria – Spiegel der Erwartungen Gottes und der Menschen. 2001.
Topos plus Taschenbuch 407, Seite 155 bis 157.

Das Leid – ein Schrei nach Gott

Warum all die Übel, das Böse, das Leid in der Welt? Warum wird manchen Menschen so unsäglich viel und schweres Leid aufgebürdet, dass sie darunter zerbrechen? Warum müssen unschuldige Kinder, warum Gerechte, warum Tiere leiden? Wie kann Gott das zulassen? Wo bleibt er im Leid seiner gequälten Kreaturen? Hört er den Schrei der Leidenden nicht? Warum greift er nicht ein?

Die Fragen sind uralt. Doch in unserer Zeit wurden sie durch die maßlosen, von Menschen verursachten Leiden, für die der Name „Auschwitz" steht, und durch eine bewusstere Wahrnehmung naturbedingter, nicht von Menschen verursachter Leiden in der Schöpfung so gewaltig verschärft, dass heute am Leid- und am Theodizeeproblem vorbei kaum noch ein Sprechen von Gott möglich erscheint. Das Leiden in der Schöpfung scheint in einem unlösbaren Widerspruch zum Glauben an einen allmächtigen und liebenden Gott zu stehen. Wird das Festhalten an diesem Gott also widersprüchlich, irrational, obsolet? Kann ich vom Gott der Liebe und des Heils nur noch sprechen, wenn ich von der Realität des Leids in der Schöpfung absehe? Und wenn ich umgekehrt die Realität des Leidens nicht verdrängen, vielmehr die leidenden Kreaturen achten und in ihrem Leid bei ihnen sein und womöglich helfen will, muss ich dann vom Gott der Liebe Abschied nehmen? Oder muss ich dann vielleicht gerade an diesem Gott festhalten? Haben nicht die Menschen der Bibel gerade mitten im eigenen Leid von diesem Gott gesprochen?

Jedenfalls erweist sich das Leid- und Theodizeeproblem heute zunehmend als „die erste und wahrscheinlich größte Schwierigkeit in der Gottesbeziehung überhaupt".

Und es ist kein Zufall, dass gerade in der letzten Zeit philosophische und theologische Beiträge zu diesem Thema sich häufen. In der Tat, wenn Glaube und Theologie redlich sein und vor der Realität nicht die Augen verschließen wollen, können sie der Frage nach Gott angesichts der Leiden in einer Welt, die seine Schöpfung sein soll, nicht ausweichen. Statt aber vorschnelle, billige, beruhigende Antworten zu liefern, gilt es, sich der ganzen Härte der Frage zu stellen, die eigene Antwortlosigkeit auszuhalten, um glaubwürdige Perspektiven zu ringen, und sei es im Offenlassen von Fragen.

Aus Kessler, Hans: Das Leid – ein Schrei nach Gott. 2007. Topos plus Taschenbuch 631, Seite 7 bis 8.

Die Wiederkehr der Engel

Vor einigen Jahren brachte die Zeitschrift „Der Spiegel" einen Beitrag über Engel und insbesondere über Schutzengel unter dem Titel „Geister aus Gottes Garten". Zu den – wie es wörtlich heißt – „licht strahlenden Favoriten der Volksfrömmigkeit" schrieb das Magazin Folgendes: „Jeder zweite Deutsche ist fest davon überzeugt, dass er einen persönlichen Schutzengel hat. Nach einer Forsa-Umfrage ist jeder zweite Erwachsene ganz sicher, dass er schon einen gesehen oder sogar angefasst hat, weiß gekleidet, in strahlendem Licht, unbewaffnet, eher weiblich als männlich."

Auch ergab sich, dass mehr Deutsche von der Existenz von Engeln als von der Existenz Gottes überzeugt sind.

In dem erwähnten Zeitschriftenartikel werden Probleme angeführt, die sich hinsichtlich der Engel und speziell hinsichtlich der Schutzengel immer schon stellten; er nennt die Fragen, die früher in der Theologie diskutiert wurden und die auch heute noch unbeantwortet geblieben sind: welchen Geschlechts die Engel seien, wie sie aussehen, in welcher Sprache sie miteinander redeten, ob sie sündigen könnten, wie groß ihre Zahl sei. Zu dieser letzteren Frage heißt es in dem Artikel: „Weil nach katholischer Lehre jeder Mensch auf Erden einen Schutzengel hat – und nicht etwa nur jeder Katholik –, sind derzeit mindestens sechs Milliarden unterwegs."

Die Rede von Engeln steht nicht immer und notwendigerweise in einem religiösen Zusammenhang. Noch immer heißt z. B. ein beliebtes Kompliment an die Adresse einer Frau: „Du bist ein Engel!" Dieses Beispiel, das sich leicht vermehren ließe, weist darauf hin: Engel existieren im Wortschatz auch heutiger aufgeklärter, „moderne" Menschen.

Zu diesem Vorkommen der Engel in der Alltagssprache treten die Erfahrungsberichte, die seit Jahren zum Boom der Engelbücher in den Buchhandlungen gehören. Aus solchen Berichten ergeben sich für viele Menschen derartige Sicherheiten, dass Religionen wie das Judentum und das Christentum, die sich auf breiterer Basis ebenfalls auf Erfahrungsberichte und deren Überlieferung in Buchform stützen, entbehrlich zu werden scheinen. Denn diese „Offenbarungsreligionen" beziehen sich auf Ereignisse in der Vergangenheit, während sich die heute erzählten Begegnungen mit Engeln in der Gegenwart abspielen.

Das immer wieder neu erwachende Interesse an Engeln hat mehrere Gründe. Sie sind bei Weitem nicht genau erforscht, aber einige von ihnen leuchten auch ohne Forschungen unmittelbar ein.

Dichter und Schriftsteller benutzen das Wort „Engel" als Symbolwort (als „Metapher") nicht nur für das Behütende und das Geleitende, das dem Menschen das Gefühl der Einsamkeit nimmt. Sie setzen es auch für das Erschreckende und Verstörende ein, das dringend einer Erklärung bedarf. Manche von ihnen wehren sich ausdrücklich gegen die Meinung, ihre Rede von Engeln sei ein Zeugnis für den Glauben im christlichen Sinn.

Manche durchaus nachdenkliche Menschen nehmen ohne weiteres die Möglichkeit an, es gebe eine unsichtbare, geistige, „jenseitige" Welt, jenseits unserer sinnlich erfahrbaren Welt. Manche von diesen Menschen sehen diese geistige Welt im strengen Gegensatz zu unserer konkreten Welt. Das Jenseitige gilt ihnen oft als Ort menschlicher Hoffnung und Sehnsucht. In Engelerfahrungen sehen sie Garantien dafür, dass diese jenseitige, geistige Welt tatsächlich existiert. Andere Menschen versuchen – und das besonders in den neueren esoterischen Bewegungen – „jene Welt" und „diese unsere Welt" nicht als Gegensätze zu verstehen, sondern sie zu einer Einheit und Ganzheit zusammenzufassen. Große Bemühungen gelten der Wahrnehmung dieser Einheit und Ganzheit. Aus der Einheit von allem und von allen miteinander wird Heilung des Gespaltenen erhofft. Diese Einheits-Sehnsucht ist oft von buddhistischem Denken und Fühlen beeinflusst.

In der neuen Zuwendung zu Engeln zeigt sich bei manchen Menschen ein Widerstand gegen die – in der „modernen Mentalität" geläufige – Begrenzung des Menschenlebens auf das Sichtbare, auf das Materielle, ja sogar auf das Banale. Außerdem äußert sich in dem „Griff" nach Engeln der Wunsch vieler Menschen, Trost, Hilfe, Geborgenheit zu erfahren in der Kälte, Härte, ja im Terror und in der Unübersichtlichkeit der alltäglichen Welt, im Hinblick auf vielerlei Verletzungen. Das Wort „Engel" kann dann ein Symbolwort für die Mobilisierung der eigenen Kräfte sein. Viele Hinweise auf die hier genannten Gründe für die heutige

Aktualität der Engel oder dessen, was alles „Engel“ heißen kann, finden sich in den Schriften des Benediktiners Anselm Grün.

Aus Herbert Vorgrimler: Wiederkehr der Engel?
Ein altes Thema neu durchdacht. 2. Auflage 2008.
topos taschenbuch 653, Seite 9 bis 12 (auszugsweise).

Kirche zwischen Alltagserfahrung und Glaubensbekenntnis

In der neueren Theologie hat die Lehre von der Kirche, die Ekklesiologie, einen immer breiteren Raum eingenommen. In der mittelalterlichen Theologie gab es keinen eigenen Traktat „über die Kirche“. Natürlich hat man Kirche gelebt, aber sie war kaum Gegenstand der Reflexion. Erst in der Auseinandersetzung der beginnenden Neuzeit, also seit der Kirchenspaltung, wurde Kirche als theologisches Thema in die systematische theologische Überlegung aufgenommen. Die einander ausschließenden Ansprüche der so genannten „Religionsparteien“, jeweils die Kirche Jesus Christi zu sein, forderten die Entwicklung des Traktats über die Kirche.

Es war angesichts gegenseitiger Verurteilungen die Frage nach der rechten Kirche, die zu einem intensiven Nachdenken über die Kirche und ihre rechte Form und Gestalt führte. In diesem Prozess wurde die Problematik „Kirche“ immer mehr dominant. Auguste Comte, der Religionskritiker und Begründer des Positivismus, prophezeite, über kurz oder lang werde die gesamte Theologie zur Ekklesiologie werden. Denn der Glaube an metaphysische Wirklichkeiten sei dem Verschwinden preisgegeben, über Kirche als vorfindliche Größe, über ihre Strukturen, ihre Ämter, ihr Recht, ihre Geschichte und ihre sozialen Wirkungen kann man auch dann trefflich handeln und streiten, wenn der Gottesglaube längst verdunstet ist. Comte hat zumindest darin Recht behalten, dass die Lehre von der Kirche im neuzeitlichen theologischen Denken einen immer breiteren Raum eingenommen hat.

Andererseits gilt aber auch: In der Ekklesiologie wird die Theologie praktisch und anschaulich. Kirche ist der Raum, wo der Glaube an Gott, an den auferstandenen Christus, an den Geist Gottes in Welt und Geschichte Gestalt gewinnt. Was die zentralen theologischen Themen christlicher Gotteslehre und der Lehre von der Erlösung austrägt, muss in der Lehre von der Kirche Frucht tragen. An der Kirche muss sich zeigen, was die großen Aussagen des Glaubensbekenntnisses in unserer Welt bedeuten, wie sie uns als Individuen und als Gesellschaftswesen prägen.

Der Begriff „Kirche" begegnet also in einem doppelten Sinn: Zunächst stößt das Wort auf eine gefüllte Erfahrung, die keineswegs immer positiv ist. Auf der anderen Seite ist eine Wirklichkeit gemeint, die nach christlicher Überzeugung im göttlichen Heilsplan wurzelt, in Jesu Wort und Werk, in seiner Auferstehung ihren Ursprung hat und durch die Kraft des Heiligen Geistes auf dem Weg zur Vollendung geführt wird. Es ist offensichtlich, dass zwischen der Kirche der alltäglichen Erfahrung und der Kirche Jesu Christi, die wir im Credo als die Eine, Heilige, Katholische und Apostolische bekennen, unterschieden werden muss. Sicher sind beide nicht identisch. Anderseits aber haben sie dennoch miteinander zu tun und sind aufeinander verwiesen. Die Frage, wie sie zusammengehören und sich dennoch unterscheiden, ist eine der großen Herausforderungen jeder Ekklesiologie.

Dieser Doppelaspekt: Herkunft von Gott und menschliche Einrichtung und Gemeinschaft, kommt auch in der Etymologie zum Ausdruck. Die in den germanischen Sprachen verwendeten Begriffe: Kirche, englisch church, niederländisch kerk leiten sich her vom griechischen kyriakón bzw. dem volkstümlichen griechischen Wort kyriaké: Haus Gottes, Herrenhaus. Hier steht im Zentrum der Aspekt der Tat Gottes, seine Berufung. Kirche ist in dieser Sicht zunächst göttliche Einrichtung und Stiftung, nicht menschliche Tat und Aufgabe.

In den romanischen Sprachen hat sich dagegen der Begriff chiesa (ital.), église (franz.), iglesia (span.) durchgesetzt. Er kommt vom griechischen Wort ekklesia, das dann als Lehnwort ecclesia ins Lateinische übernommen wurde. Es besagt zunächst die Versammlung der Bürger in einer Stadt. Das religiöse Element spielt dabei allenfalls am Rand eine Rolle. Im Zentrum steht hier der Gemeinschaftscharakter: Das Zusammengerufensein derer, die eine Verantwortung tragen, die über das Gemeinwohl bestimmen. Dieser Begriff ekklesia, der seine Heimat im politischen und gesellschaftlichen Bereich hat, diente in der Septuaginta, der griechischen Übersetzung des Alten Testaments, zur Wiedergabe des alttestamentlichen Wortes qahal, die Versammlung des Volkes. Er wird zum Terminus für die Botschaft und die Lehre von der Kirche. Dieser Wortstamm sagt also den Gemeinschaftscharakter aus, während in den Begriffen um Kirche, church die göttliche Vorgegebenheit und Berufung im Zentrum steht. Beides ist zu bedenken, das Zusammengehören beider Aspekte eines der großen Themen der Lehre von der Kirche.

Aus Neuner, Peter: Die heilige Kirche der sündigen Christen. 2002. Topos plus Taschenbuch 454, Seite 7 bis 10.

Alle sind begabt, niemand ist unbegabt

Im Pastoralplan der Diözese Passau wird treffend und einladend formuliert: „Der Reichtum der Kirche sind Menschen mit ihren je unterschiedlichen Fähigkeiten und Begabungen. Alle sind begabt, niemand ist unbegabt. Die Kirche von Passau tut gut daran, mit diesem Reichtum zu wuchern. Sie wird dazu von den Erfahrungen der frühen

Kirche her inspiriert (vgl. 1 Kor 12). Alle haben die gleiche Würde, jede und jeder aber die eigene Begabung zu Gunsten des kirchlichen Lebens." In diesen Aussagen spiegelt sich voll und ganz das Selbstbild der katholischen Kirche als Gemeinschaft (Communio) und Volk Gottes. Denn Kirche als Communio und Volk Gottes aus gemeinsamem und besonderem Priestertum heißt in der Tat, dass alle Gläubigen die kirchliche Gemeinschaft aktiv mitgestalten, dass es also keine Zweiteilung von aktiven Entscheidungsträgern hier und passiven Empfängern dort gibt.

Doch in der Lebenswirklichkeit der katholischen Kirche ist von dieser Grundwahrheit wenig zu spüren. Trotz des II. Vatikanischen Konzils und des kirchlichen Gesetzbuches von 1983 fehlt es weiterhin an der praktischen Umsetzung der Theorie, dass das ganze Volk Gottes an der Sendung der Kirche teilhat und mitwirkt. Hauptursache hierfür ist die Kleruszentriertheit, die auch nach dem Konzil die rechtliche Ausgestaltung der kirchlichen Dienste und Ämter beherrscht. Sie ist dringend auf eine laienorientierte Umgestaltung aufzubrechen. Nur so kann es nämlich wirklich gelingen, dass es in der Kirche nicht um Betreuung der einen durch die anderen geht, sondern um wechselseitige Hilfe im Christsein. Und für diese wechselseitige Hilfe ist ein grundlegendes Miteinander genauso wesentlich wie ein spezifisches Gegenüber, bedarf es der Vielfalt der Charismen ebenso wie des Dienstes der Einheit, ist ein ständiges elliptisches Wechselspiel zwischen gemeinsamem und besonderem Priestertum notwendig.

Miteinander und Gegenüber von Klerikern und Laien heißt daher, dass beide ihre jeweiligen Fähigkeiten für den Aufbau der Gemeinschaft erspüren und einsetzen, wobei die Kleriker besondere Sorge dafür tragen, dass im Miteinander das Zeugnis Jesu lebendig erhalten bleibt. Aufgabe und Charisma der Kleriker bzw. des besonderen Priestertums ist somit Dienst an den Diensten der Glaubensgemeinschaft zu üben, d. h., die eigenen Charismen wie auch die

Charismen des gemeinsamen Priestertums bzw. der Laien wachsen zu lassen und zugleich auf die befreiende und heilende Ordnung des Evangeliums Jesu Christi auszurichten.

Aus Demel, Sabine: Mitmachen – Mitreden – Mitbestimmen. Grundlagen, Möglichkeiten und Grenzen in der katholischen Kirche. 2001. Topos plus Taschenbuch 379, Seite 152 bis 153.

Demokratisierung der Kirche?

Als ich im Jahr 2000 auf Einladung des Verlegers meinen fast vergessenen Beitrag über die Demokratisierung der Kirche aus dem Jahr 1970 wieder aus dem Bücherregal hervorgezogen und von neuem gelesen hatte, musste ich zu meiner Überraschung feststellen, dass ich alles damals Gesagte auch heute noch so vertrete. Aber selbstverständlich muss der damalige Beitrag fortgeschrieben werden, weil sich seitdem das Demokratieverständnis unserer Gesellschaft weiterentwickelt hat und unser Staatswesen durch die voranschreitende Einbindung in europäische Institutionen und durch den Prozess der Globalisierung für Verständnis und Vollzug von Demokratie vor neue Fragen gestellt ist.

Für die lateinische Kirche ist 1983 das neue Rechtsbuch (CIC) veröffentlicht worden, wo sich eine Reihe von Regelungen findet, die unser Problem betreffen. Dazu haben wir inzwischen Erfahrungen mit „demokratischen" Organen in der Kirche – besonders Räten und Synoden – machen können, die nun in Anschlag zu bringen sind. Überdies ist seitdem eine reiche Literatur zur Frage der Demokratisierung erschienen, die bedenkenswerte Aspekte ans Licht brachte. Wenn damals – 1970 – noch mitten im Wirbel des Umbruchs von 1968 der Demokratiebegriff vor allem durch eine ideologische, ja religiöse Übersteigerung zu einer neuen Heilslehre verfälscht wurde, so droht heute weithin die umgekehrte Gefahr: Die vielschichtige Wirklichkeit Demokratie wird mit einem der Instrumente ihres praktischen Vollzugs verwechselt und praktisch mit der Anwendung des Mehrheitsprinzips gleichgesetzt.

Tatsächlich ist dieses für das parlamentarische System grundlegend; es setzt aber zum einen die Kanalisierung der Meinungsprozesse durch das Parteienwesen, zum anderen die Delegation des eigenen Entscheidungsrechts an die gewählten Abgeordneten voraus und ruht schließlich auf der Verfassungstreue und auf den in der Verfassung beschriebenen, dem Spiel der Mehrheit entzogenen moralischen Grundwerten auf, die den Rahmen für die Anwendung des Mehrheitsprinzips abgeben.

Es gibt Menschenrechte, Grundwerte des Menschen, die nie zur Debatte stehen können; erst das Einverständnis über diese gemeinsame Basis ermöglicht einen sinnvollen Streit über das jeweils neu zu Regelnde. Ein weiteres wesentliches Prinzip ist die Gewaltenteilung, die den Bereich der Rechtspflege wiederum dem Mehrheitsprinzip entzieht.

Des weiteren müssen wir an die Unterscheidung von Staat und Gesellschaft denken und an die verschiedenen gesellschaftlichen Kräfte, deren Autonomie wiederum Teil des Systems sich gegenseitig stützender und begrenzender Freiheitsrechte sind, die Demokratie aufbauen.

Schließlich muss man noch dazu nehmen, dass der Spielraum parlamentarischer Mehrheitsentscheidungen immer weiter eingeengt wird durch die ökonomischen Gesetzlichkeiten, die sich aus den weltweiten Wirtschaftsverflechtungen ergeben. Diese Kräfte des vorpolitischen und überpolitischen Raums bestimmen heute in hohem Maß den Weg des politischen Handelns.

Demokratie im Ganzen könnten wir demgemäß als ein System sich gegenseitig begrenzender und tragender Freiheiten bezeichnen, in denen es darum geht, zum einen Recht uns Würde des Einzelnen zu schützen, aber auch ein Zusammenwirken aller zu ermöglichen, das dem gemeinsamen Guten („Gemeinwohl") in materieller wie auch in moralischer Hinsicht dient.

Wer von Demokratisierung der Kirche spricht, darf daher nicht einseitig nur an das Mehrheitsprinzip denken, sondern muss das vielfältige Gebilde Demokratie vor Augen haben und fragen, wo die Analogien und Anknüpfungspunkte liegen und wo nicht.

Aus Ratzinger, Joseph Kardinal (Papst Benedikt XVI.): Demokratisierung der Kirche – dreißig Jahre danach, in: Ratzinger, Joseph – Maier, Hans: Demokratie in der Kirche. Möglichkeiten und Grenzen. 2. Auflage 2005. Topos plus Taschenbuch 348, Seite 78 bis 81 (auszugsweise). Dieser Band erschien als Originalausgabe erstmals 1970 im Lahn-Verlag. Im Jahr 2000 erschien die durch je ein Nachwort der beiden Autoren ergänzte Taschenbuchausgabe, die 2005 eine 2. Auflage erfuhr. Der obige Text stammt aus dem Nachwort der Ausgabe von 2000.

War die Ehe immer unauflöslich?

Es gilt zu prüfen, wie die Praxis in der 2000-jährigen Kirchengeschichte hinsichtlich wiederverheirateter Geschiedener ausgesehen und welche verschiedenen Entwicklungen es gegeben hat. Und es gilt auch zu überlegen, wenn es tatsächlich mehrere Wege und Auffassungen gegeben hat, ob diese nicht für uns heute auch eine Möglichkeit darstellen könnten. Es ist auch eine Tatsache, dass die Entwicklungen im ersten Jahrtausend zwischen West- und Ostkirche praktisch identisch waren. Erst nach dem ersten Jahrtausend, nach dem Bruch mit Byzanz, sind die beiden Kirchen verschiedene Wege gegangen.

Auch in der Ostkirche besteht die Doktrin, dass die Ehe, die geschlossen wird, im Grunde unauflöslich ist. Aber aus der Überlegung heraus, dass es einfach große Schwierigkeiten geben kann, die ein Zusammenleben nicht mehr möglich machen, hat man nach dem Grundsatz der sogenannten Oikonomia eine Lösung gefunden, wonach man zwar erklärt hat, eine Zweit- oder Drittehe sei zwar keine Ehe im gleichen, vollen sakramentalen Sinn, dass aber die Menschen trotzdem zu den Sakramenten gehen können und nicht mindere Rechte haben oder gar aus der Kirche ausgeschlossen sind. Diese Praxis wird im Osten bis zum heutigen Tag geübt.

Die Westkirche, d. h. die römisch-katholische Kirche, hat diese Praxis nie verurteilt, und sie war in der Gesamtkirche auch üblich. Man kann daher nicht sagen, dass die eine Auffassung orthodox und die andere römisch-katholisch wäre. Es gibt eine gemeinsame Tradition. Nur ist diese Tradition im Westen eben immer mehr abgekommen.

Sowohl das Konzil von Florenz (1439) als auch das Konzil von Trient (1545-1563) haben sich mit dieser Frage auseinandergesetzt. Aber keines von beiden hat die orthodoxe Praxis je verurteilt. Im Konzil von Trient hat man lange gerungen, zu einer Formulierung zu gelangen, die die Ehepraxis und die Eheform der Lutheraner bzw. des Protestantismus ablehnt, aber nicht die orthodoxe Ehepraxis trifft. Das ist sehr bewusst geschehen, und es ist auch ein Zeichen dafür, dass es dogmatisch gesehen möglich wäre, diese Praxis wieder aufleben zu lassen.

So hat interessanterweise 1980 die Bischofssynode von Rom gewünscht, wieder zu dieser Praxis zurückzufinden. Der damalige Papst Johannes Paul II. hat dies nicht ausdrücklich zurückgewiesen, sondern erklärt, dass diese Frage in Bezug auf das höchste kirchliche Lehramt noch offen sei. Andererseits haben natürlich sofort einige kuriale Stellen dieses Ansinnen sofort abgelehnt.

Wichtig ist es jedenfalls, diesen Fragen noch weiter nachzugehen. Das kann lange dauern, genauso gut aber auch sehr schnell gehen. Denn die Ehenot ist heute so groß, es gibt immer mehr Scheidungen bzw. Wiederverheiratungen.

Es kann doch keine Lösung sein, die Menschen an den Rand der Kirche oder gar hinauszudrängen, zumal es ja bereits andere Lösungen gegeben hat, solche, die praktiziert wurden und nie verurteilt worden sind.

Es ist daher offenkundig, dass die als unabdingbar empfundene gegenwärtige Praxis der katholischen Kirche nicht immer so gegeben war und dass auf dem Boden der genuinen Tradition ein Ausweg aus der brennenden Ehefrage gefunden werden kann.

Aus Liebmann, Maximilian (Hg.):
War die Ehe immer unauflöslich? 2002.
Topos plus Taschenbuch 462, Seite 11 bis 14 (gestrafft).

Von einer Ethik des Heilens

In der politischen und bioethischen Debatte wird die Gesellschaft derzeit in zwei Fraktionen aufgeteilt: in eine, die eine Ethik des Heilens vertritt, die offen sei für Forschung mit Embryonen, weil sie Menschen helfen und heilen wolle, und in eine andere, die eine Ethik des Lebensschutzes vertritt, die aus moralisch-religiösen Gründen gegen Forschung mit Embryonen sei und Menschen leiden lasse. Man kann sich des Eindruckes nicht erwehren, dass hinter dieser Spaltung in „fortschrittsfreundliche Heiler" und „fortschrittsfeindliche Lebensschützer" Methode steckt. Menschen, insbesondere Christen, die sich für den Lebensschutz einsetzen, sollen zum Schweigen gebracht werden. Zudem ist die Behauptung, die christliche Religion sei eine Religion des Leidens, die den Menschen Heilung verweigere, falsch und eine Unterstellung.

In den diskutierten Fällen von Präimplantationsdiagnostik (PID) und embryonaler Stammzellforschung geht es nicht darum, dass man Menschen nicht helfen möchte. Das christliche Gebot der Nächstenliebe zielt geradezu darauf, Krankheiten zu heilen und Leid zu mindern. Jedoch darf dieses Ziel nicht um jeden Preis verfolgt werden. Der Weg darf nicht über Selektion und Vernichtung von Leben führen. Wir sollten uns auch von der trügerischen Vision frei machen, allein mit Wissenschaft und Technik ein Paradies auf Erden schaffen und jede Lebensnot bewältigen zu können. Eine von Krankheit und jeglichem Leid befreite Menschheit bleibt eine Utopie, deren Realisierungsversuche über kurz oder lang in die Barbarei münden.

Aus Reiter, Johannes: Die genetische Gesellschaft. Handlungsspielräume und Grenzen. 2002. Topos plus Taschenbuch 428, Seite 130.

Fremd und faszinierend – die Kirchen des christlichen Ostens

Fremd und faszinierend – diese beiden Eigenschaftsworte bringen in prägnanter Form zum Ausdruck, was die meisten Christen im deutschsprachigen Raum denken und empfinden, wenn sie den Kirchen des christlichen Ostens begegnen. Fremd war uns das östliche Christentum lange Zeit, weil die Gläubigen dieser Kirchen vor allem in Osteuropa, dem Nahen und Mittleren Osten, in Nordafrika und Indien beheimatet sind. Die getrennten Lebensräume erlaubten nur wenigen Weltreisenden, einen Einblick in die Glaubenswelt der östlichen Kirchen zu nehmen. Fremd sind uns die orthodoxen Christen bis heute geblieben, obwohl viele von ihnen schon seit Jahrzehnten eine neue Heimat im Westen Europas und in Nordamerika gefunden haben.

Faszinierend wirkt die Welt der Orthodoxie, wenn wir ihr auf Pilgerreisen ins Heilige Land in ihrer ganzen schillernden Vielfalt begegnen. Faszinierend ist die tiefe Verwurzelung des Glaubens in den von der byzantinischen Orthodoxie geprägten Ländern Ost- und Südosteuropas, der wir auf Urlaubsreisen in Griechenland oder Studienreisen in Russland begegnen. Faszinierend ist die Welt der orientalisch-orthodoxen Kirchen, die wir in Ägypten, Armenien oder Indien entdecken können. Eine faszinierende Wirkung haben auf viele westliche Christen insbesondere die Ikonen – Ausdruck eines lebendigen, bildhaften Glaubens, den manche bei uns vermissen. Faszinierend kann schließlich die Teilnahme an einem orthodoxen Gottesdienst sein, den man heute nicht nur in Bulgarien oder Rumänien, sondern auch in Deutschland oder Österreich mitfeiern kann.

Wie kann ein „westlicher" Christ einen Einblick in diese fremde und zugleich faszinierende Welt der östlichen Kirchen gewinnen? Das östliche Christentum ist weit weniger kopfbetont als das westliche, weshalb es sich auch weniger mit dem Verstand erfassen, als vielmehr mit dem Herzen erschließen lässt. Dieses Erschließen der Glaubenswelt der östlichen Kirchen kann nur in der persönlichen Begegnung mit den Gläubigen dieser Kirchen und im Mitfeiern ihrer Gottesdienste erfolgen.

Aus Oeldemann, Johannes: Die Kirchen des christlichen Ostens. Orthodoxe, orientalische und mit Rom unierte Kirchen. 2. aktualisierte Auflage 2008. topos taschenbuch 577, Seite 7 bis 8.

Wie können Christen und Muslime miteinander umgehen

Zu Beginn des dritten Jahrtausends sind wir Zeugen massiver Irritationen im einvernehmlichen Zusammenleben von Christen und Muslimen geworden: Seit dem 11. September 2001 und anlässlich weiterer terroristischer Anschläge fundamentalistischer Provenienz fühlen sich zahlreiche „Leute des Westens" einerseits verunsichert und in Angst. Auf der anderen

Seite stehen Muslime unter Generalverdacht, „Schläfer" zu sein und die Bevölkerung durch die Planung weiterer Horrorszenarien in Atem zu halten. Einige Muslime in aller Welt haben vehement gegen die Muhammad-Karikaturen in Dänemark protestiert und die missverständlichen Äußerungen des Papstes am 12. September 2006 in Regensburg heftig kritisiert. Offensichtlich ist es auf beiden Seiten zu schwerwiegenden Verletzungen religiöser Gefühle gekommen. Der Friede zwischen den Religionen steht gegenwärtig auf dem Spiel.

Während das Einvernehmen zwischen den beiden größten Religionen der Welt beeinträchtigt zu sein scheint, was in Medien und Öffentlichkeit augenfällig wird, sind auch vor Ort zahlreiche Konflikte virulent und rufen nach Verständigung und neuen Lösungen: Der Bau von Moscheen und Minaretten erhitzt die Gemüter, und die Planung islamischer Gräberfelder führt zu ernsthaften Diskussionen. Gleichwohl gibt es – nach dem religionswissenschaftlichen Experten Hans Waldenfels – einen „Alltagsdialog der praktischen Konvivienz, also einen friedvollen und verständnisvollen Umgang in nachbarschaftlicher Hilfe und entsprechendem Miteinander". Die genannten Konflikte fordern beide Religionen zu Tests einer verträglichen Koexistenz heraus. Für eine gute Zukunft sind Dialog und interreligiöses Lernen unabdingbar nötig.

Aus Leimgruber, Stephan: Feinde oder Freunde. Wie können Christen und Muslime miteinander umgehen. 2008. Topos plus Taschenbuch 648, Seite 13.

Dorothee Sölle: Worauf dürfen wir hoffen

Wir feiern heute miteinander ein Fest, und ich bin froh, dass dieses Fest den Namen Hoffnung trägt. Ich beginne mit einem Gedicht:

Street flower

Am straßenrand blüht eine malve
eine knospe ist beinah offen
altrosa wird sie sein
vielleicht schon morgen
Hätt ich geduld
ich würde warten
hätt ich aufmerksamkeit
ich rührte mich nicht vom fleck
hätt ich frömmigkeit
hier würde ich niederknien
Vielleicht schon morgen
könnt ich sehen nicht nur glauben
wie es einem mitgeschöpf gelingt
am straßenrand zum blühen zu kommen

Sich zu erinnern, es wagen, neue Hoffnungen zu finden, das ist, so denke ich, uns allen wichtig. Ich möchte beginnen mit einem Gedanken aus der Tradition, dass nämlich die drei großen Wörter des Christentums, nämlich Glauben, Hoffen und Lieben, diese verrückten Anmaßungen (als könnten wir das so einfach!) meistens als die geistlichen Tugenden dargestellt werden, im Gegensatz zu den natürlichen, wie Mut oder Tapferkeit. Das ist eine alte Unterscheidung, die ich eigentlich schön finde, denn sie machen etwas klar, nämlich, dass die Hoffnung nicht eine Leistung ist und auch nicht eine Über-Ich-Forderung, der dann das Ich so gerade irgendwie nachhinkt, sondern zuallererst ein Geschenk, ein Geschenk Gottes, des Gottes, der in uns sein will und in uns handeln will und in uns und mit uns sein kann. Das festzuhalten ist mir sehr wichtig.

Mir ist noch etwas anderes zur Hoffnung eingefallen, was mir immer schon Spaß gemacht hat, das ist der hl. Augustinus, der in seiner Psalmenauslegung und im 10.

Buch der Bekenntnisse die in der Barmherzigkeit Gottes gegründete Hoffnung und nicht die Liebe als das entscheidende Kennzeichen christlicher Existenz preist. Es hat mir natürlich Spaß gemacht, dass Paulus, an dem gerade die Protestanten ja so viel hängen, da einmal entthront und kritisiert wurde, und dass Augustinus in aller Frechheit sagt „die Hoffnung", und nicht „die Liebe".

Es gibt einen wunderbaren Satz von Martin Buber, der gesagt hat: „Erfolg ist kein Name Gottes." Hoffen ist, Lieben ist, Glauben ist ein Name Gottes, aber Erfolg ist nicht notwendig auf dieser Seite.

Das ist bemerkenswert in einer erfolgsbesessenen Zeit, wo solche idiotischen Fragen wie „Was bringt's?", „Was kommt dabei heraus?", „Wieso machst du das eigentlich, was hast du denn davon?", überhand nehmen. Ich glaube, zum Erfolg gehört, dass man ihn vergisst, und das gehört in die Hoffnung hinein. Man braucht dazu noch etwas anderes, was mit diesem merkwürdigen Ausdruck „geistliche Tugenden" wohl gemeint war.

Ich will dazu, einer meiner Lieblingsbeschäftigungen nachgehend, eine Enkelgeschichte erzählen.Eines Tages zog mein Enkelkind alle meine Tassen aus dem Schrank und baute ein Café auf, mit dreieinhalb Jahren. Dann bewirtete es imaginäre Gäste mit imaginärem Kaffe, klar, was denn sonst? Nach einiger Zeit sagte ihre Mutter: „Du musst jetzt aufräumen, wir wollen zu Abend essen". Daraufhin das Kind, nicht aggressiv, sondern ganz ernsthaft: „Mama, du denkst immer nur in echt".

Dieser Satz war für mich wirklich ein Erlebnis! Es ist so wunderbar, wenn ein Kind begreift, dass es nicht reicht, „in echt" zu denken. Es weiß genau, dass man „in echt" auch denken muss, klar, es weiß auch schon bald, das Märchen nicht stimmen, aber es weiß zugleich, dass man außer „in echt" noch ein bisschen mehr im Kopf und im Herzen haben muss. Und das finde ich einen wunderbaren Satz der Hoffnung.

Ich komme im zweiten Punkt zu einer traurigen Beobachtung, die eben auch schon angeklungen war, das ist, dass die Hoffnung in der reichen Welt am schlechtesten wächst und gedeiht oder gar blüht. Sie blüht an manchen Stellen der armen Welt auf ganz andere Weise, an Stellen, wo wir das überhaupt nicht erwarten, singen die Leute mit einer Fröhlichkeit und einer Stärke, dass man nur noch mit den Ohren schlackern kann. Es ist ein anderer Umgang mit dem Leben, und das, glaube ich, sollten wir uns selber fragen, ob es nicht Formen der Hoffnungslosigkeit gibt, die sehr problematisch sind; sie hängen mit der uns – ich möchte fast sagen – aufgezwungenen Individualisierung zusammen. „Ja was kann ich schon machen", oder wenn ich das schon höre: „Ich als Einzelner kann natürlich nichts daran ändern". Da sage ich dann immer freundlich: „Wer hat dir denn diesen Blödsinn beigebracht, dass du eine einzelne seist? Wo steht das denn? Ist das vielleicht die Meinung Jesu oder ist das eher die Meinung des neoliberalen Kapitalismus, das du ein Einzelner sein musst, Tag und Nacht, morgens, mittags und abends?".

Das glaube ich nicht. Ich halte diese Art zu denken wirklich für falsch. Wir sind in Gemeinschaft, wir haben Nächste, wir haben Beziehungen, wir haben Verantwortung für das Wasser unserer Enkelkinder. Und das kann nicht aus der Welt geredet werden mit so einem: „Es kommt eben, wie's kommt, und ich kann ja daran sowieso nichts machen". Ich empfinde das immer so als eine Art Ausweichen vor den wirklichen Fragen, die uns beschäftigen müssen.

Ich erinnere mich an eine Geschichte, die ich als junge Frau im Ruhrgebiet erlebt habe. Da hatte ich mich verirrt und musste zum Bahnhof und fragte einen Bauarbeiter, wie viel Uhr es sei. Es war so ein richtig netter Ruhrkumpel und er grinste mich an und sagte: „Bin ich Jesus?" Diesen Witz kannte ich damals noch gar nicht und war ganz platt über diese Antwort, ich dachte, „um Gottes willen, was sagt der da?". Heute bin ich noch etwas frecher geworden und würde ihm glatt sagen: „Natürlich bist du nicht nur Herr Meier, natürlich bist du etwas mehr als Herr Meier, natürlich sollst du Jesus werden, was denn sonst?“ Es gehört zu unserem Wissen und Mit-Tragen der Hoffnung, dass wir dazu fähig werden.

Aus Eggensperger, Thomas (OP) / Engel, Ulrich (OP) (Hg.): Worauf dürfen wir hoffen? Ein Gespräch zwischen Paulus Engelhardt, Dorothee Sölle und Fulbert Steffensky. 2002. Topos plus Taschenbuch 451, Seite 46 bis 51 (auszugsweise).

Über die historische Dimension des Christentums

Einleitende Gedanken

Regelmäßig sitzen Millionen von Zusehern vor den Bildschirmen und raten bei den Quiz-Shows mit, die öffentlich-rechtliche wie private Fernsehsender bieten. Und am nächsten Tag diskutieren sie mit Nachbarn, Freunden oder Kollegen: „Hättest Du die Millionenfrage gewusst?“ Vor einiger Zeit lautete u. a. eine solche: „Wie hieß der Nachfolger des Petrus als Bischof von Rom?“ Der Kandidat konnte das nicht beantworten. Hätte er das gewusst, dann ginge es ihm möglicherweise jetzt finanziell besser. Wissen ist offenbar wieder gefragt und modern, auch solches über das Christentum sowie dessen Geschichte.

In der 2000 Jahre alten Geschichte der Kirche wechselten Höhen und Tiefen ab. Für einen gläubigen Christen ist es oft nicht immer leicht nachzuvollziehen, wie manches so gar nicht christlich Anmutende einfach passieren konnte. Der Niedergang des Papsttums im 9. und 10. Jh. ist eines der signifikanten Beispiele dafür. Trotz des Vertrauens auf den Heiligen Geist, der mit den Christen ist: Noch immer sind es die Menschen mit allen ihren Vorzügen und Schwächen, die den Lauf der Geschichte prägen, und die Christen wissen auch von der Erbsünde, d. h. von der Unvollkommenheit menschlichen Tuns. Warum soll sich diese auch nicht durch die Kirchengeschichte ziehen?

Leider wird auch vielfach die Geschichte aus der Sicht des gegenwärtigen moralisch-ethischen Standards beurteilt. Das führt aber meist nicht zu einer befriedigenden Erkenntnis. Das Handeln von Menschen ist nur aus und in der Zeit, in der etwas geschehen ist, zu bewerten. Das erfordert Kenntnis über die jeweilige Epoche. An jede Religion, und hier insbesondere an das Christentum und die Kirchen, wird wegen deren moralischer Ansprüche gern ein besonders strenger Maßstab gelegt. Wenn aber dabei die genannten Prinzipien – Beachtung der Unvollkommenheit der Menschen und der jeweiligen Epoche – nicht berücksichtigt werden, entsteht eine Schieflage, die in einen überheblichen Rigorismus ausarten kann. .

Ein Pastoraltheologe hat einmal gesagt, die Kirchengeschichte sei die „tröstlichste Disziplin der Theologie". In der Tat: Wer zu verstehen versucht, was alles in den 2000 Jahren geschehen ist, warum es so verlaufen und warum es gerade zu dieser und keiner anderen Entwicklung gekommen ist, begreift – und akzeptiert – damit die Gegenwart besser. Und vor allem: Wer dann so weit gekommen ist, relativiert so manches, was ihm je nach Einstellung gegenwärtig als absolut und unabänderlich oder gar als „gottgewollt" erscheinen mag oder präsentiert wird. Die Entfaltung des päpstlichen Jurisdiktionsprimats ist so ein Beispiel dafür. Ebenso das Ringen um theologische Definitionen in den ersten Jahrhunderten des Christentums. Und das heißt in Konsequenz: Wenn es einmal anders war, dann muss es ja auch in der Zukunft nicht immer so wie jetzt bleiben.

Europa, und damit der heutige deutschsprachige Raum, wurde politisch und kulturell in den vergangenen 2000 Jahren wesentlich vom Christentum geprägt. Selbst Menschen, die heute innerlich oder äußerlich distanziert zum ihm stehen und leben, können sich dieser Geschichte nicht vollständig entziehen. Wenn sie noch dazu ein kulturelles Interesse haben, stoßen sie unwillkürlich auf die Wirkungsmacht des Christentums und seiner Kirchen.

Aus Hartmann, Gerhard: Daten der Kirchengeschichte. 2003. Topos plus Taschenbuch 476, Seite 5 bis 7 (gestrafft).

Heilige

Heilige sind Menschen, deren Gedächtnis wir wach halten wollen, an die wir uns jährlich an ihrem Festtag erinnern. Wie jeder Mensch ist auch ein Heiliger, ist eine Heilige durch Krisen gegangen, musste in eine unbekannte Zukunft das eigene Leben entwerfen. Jeder hat um das gerungen, was er als wichtig erkannt hat. Das schloss Um- und Irrwege nicht aus. Heilige hatten in der Regel kein „glattes" Leben.

Heilige kommen aus allen gesellschaftlichen Schichten, es gibt Menschen, die auf der Pyramide der Macht ganz oben standen, und andere, die unbedeutend schienen. Heilige haben selten alles richtig gemacht, einige bezeichnen ihr Leben vor der inneren Bekehrung als das eines Sünders.

Gekennzeichnet ist die Lebenswende aller Heiligen dadurch, dass sie sich vom Anruf Gottes treffen ließen. Das geschah meist nicht in lauten Sensationen. sondern durch unscheinbare Ereignisse. Die „Kunst" der Heiligen bestand (und besteht) darin, den leisen Ruf Gottes im Lärm der Welt nicht überhört zu haben.

Was immer Heilige in ihrem Leben riskiert haben, ob sie an einem Ort geblieben sind oder in die für sie fernsten Länder aufgebrochen sind, die Heiligen haben ihrer Biografie eine überzeugende Gestalt gegeben. Die Idee, von der sie sich dabei leiten ließen, war die Nachfolge Christi. Heilige sind faszinierende Menschen und sie stehen jedes Jahr an ihrem Festtag zu einem Gespräch zur Verfügung. Dieser kleine Band will auf viele Gespräche vorbereiten.

Aus Bieger, Eckhard (SJ) / Zimmermann, Helmut: Heilige und ihre Feste. Entstehung – Bedeutung – Brauchtum. 2004. Topos plus Taschenbuch 514, Seite 9.

Bonifatius, der Apostel Deutschlands

Anfangs war Bonifatius Klosterschüler in Exeter, später, ebenfalls in Südengland, Benediktinermönch und Leiter einer Klosterschule. Im Jahr 719 gestattete ihm Papst Gregor II., in die Mission nach Deutschland zu ziehen. Er missionierte vor allem in Thüringen und Hessen. Bonifatius widmete sich nicht nur der Bekehrung der zum Teil noch heidnischen Germanen, sondern auch der Umpolung des in Deutschland verbreiteten irokeltischen und in seiner Leitung klösterlich organisierten Christentums nach Rom hin. Im Jahr 722 wurde er vom Papst zum Bischof geweiht. Er brachte Ordnung in die Organisation der deutschen Bistümer. Im Jahr 748 wurde er Bischof von Mainz. Während einer Missionsreise nach Friesland wurde er von heidnischen Germanenkriegern gemeinsam mit über fünfzig Begleitern erschlagen.

Viele der jungen Weggefährten waren schon müde. Schließlich war man bereits Wochen unterwegs zum Meer im Norden, war manchmal über Felder und Wiesen geritten, aber oft durch unwegsamen Wald, später mühsam über Sümpfe und immer einen Pfad suchend zwischen See und Torf, noch später über sandiges Flachland, in dem der wilde Hafer stand und dazwischen glühend rot die Blüten der Heiderosen.

Der alte Anführer der Gruppe war aber nicht nur unberührt von der Schönheit der Natur, sondern auch von Mühen und Gefahren. Mit seinen fast achtzig Lebensjahren ritt er immer an der Spitze des Zuges, waffenlos, wie es bei einem Bischof eben sein muss. Rasch wollte er hinauf und bis zum Land vor den großen Inseln im Nordmeer, um die letzten Heiden dort droben zum Herrn zu bekehren, die Eichen der letzten Götterhaine im Land zu fällen, und mit ihnen würden Donar und Baldur, Freya und alle anderen der alten Göttinnen und Götter fallen, um nie wieder aufzustehen und sich dem einen Gott Vater und dem Christus entgegenzustellen. Die Mitte des Sommers war schon vorbei, als Bonifaz und seine Leute nach Dokkum kamen. Das Wetter war gut, die Heide trocken und warm.

Am nächsten Morgen begann Bonifaz mit der Predigt und es hörten ihm nicht bloß die Ältesten zu, sondern auch – ob Kind oder Greis – jeder Einwohner, der sich halbwegs auf den Beinen halten konnte. Alle lauschten still und nachdenklich den Geschichten über Christus. Nach einem Gastmahl zur Mittagszeit auf dem Dorfplatz ging man zum nahen See. Bonifaz stand im seichten Uferwasser und einer nach dem anderen kam, um vom Bischof selbst den Segen zu empfangen und unterzutauchen im klaren Gewässer, dem Zeichen des göttlichen Geistes, wie Bonifaz vorher gesagt hatte.

Wieder schliefen der Bischof und seine Begleiter in der Heide hinter dem Ort zwischen den jungen Birken. Dann war es im allerersten Licht des Tages und noch vor Sonnenaufgang. Man hörte Pferdehufe, alles sprang auf, aber es war zu spät. Der Bischof und seine Begleiter waren umkreist von vielleicht hundert Kriegern, sichtlich aus den besten der Stämme des Ostens, wilde Männer waren das mit riesigen Bärten, mit hornbeschlagenen Helmen, mit Lederschild und mit Schwert oder Bogen bewaffnet.

Als Bonifaz vortrat, ritt ihm der Anführer der Krieger, wohl der Fürst eines Stammes, entgegen.

„Du bist gewohnt, so hörten wir, die von den Göttern geliebten heiligen Eichen zu fällen?“

„Ja, mein Freund.“

„Donar hält sich gerne dort auf.“

„Wir kennen Größeres als Donar.“

Da stieg der Anführer vom Pferd und nach ihm auch alle anderen Krieger. Bonifaz und der Fürst standen einander gegenüber. Der Bischof begann zu reden und erzählte, worüber er auch gestern vor dem Volk gesprochen hatte, redete über Christus, sein Leben, seine Taten. Aber Fürst und Krieger waren unruhig und bald war Bonifaz und auch jedem der Gefährten klar, dass der Samen des neuen Glaubens diesmal auf völlig unfruchtbaren Boden falle. Der Fürst aus dem Osten schüttelte den Kopf.

„Donar mitsamt Freya, ja sogar Baldur und sicherlich auch alle anderen Götter lachen über diesen Einen und Einzigen, der bloß die Liebe kennt und nicht die Schlacht, nicht die Beute und das gute Leben danach."

„Schau mich an", sagte Bonifaz zu ihm, und jeder seiner Begleiter war erstaunt, dass er noch antwortete, denn alles schien verloren, und es bleibe doch nun nichts anderes zu tun, als um das Gewähren eines ehrenvollen Abzuges zu bitten.

„Schau mich an", wiederholte Bonifaz, „achtzig Jahre bin ich, während eines langen Lebens habe ich heilige Eichen gefällt, habe ganze Götterhaine gerodet und bin erfolgreich gewesen. Donar und Freya ließen mich also gewähren, und das mag wohl sein, weil sie selbst den Höheren kennen? Nie hat mich die Rache deiner Götter, mein Fürst, eingeholt."

Danach war der Anführer der Krieger keineswegs wütend geworden. Er lachte bloß.

„...Bis jetzt, mein Bischof, war es so. Aber nun ist der Augenblick da. Lange haben sie gewartet. Schau. Die Rache der alten Götter hat dich erreicht."

Er trat einen Schritt vor und erschlug Bonifaz mit einem einzigen Hieb seines Schwertes. Danach begannen die anderen ihr Werk. Kaum eine Minute später lagen die Begleiter des Bischofs sterbend im niedrigen Gras.

Im Dorf begnügten sich die Krieger anschließend mit dem Töten der Ältesten, die sie als Aufwiegler ansahen. Als dann die Leute im Dorf versprochen hatten, am Glauben an die alten Götter festzuhalten, zogen die Krieger heim in den Osten und manche hinauf bis zum Ufer des Binnenmeeres. Dokkum sei gerettet und damit ganz Friesland, meinte man, doch niemand konnte ahnen, dass der Samen, den Bonifaz gesät hatte, bloß vorläufig nicht zum Keimen käme, aber nichts an Lebenskraft verlieren und versteckt liegen würde, um Jahre später wieder zu sprießen und nach Generationen in den Osten hinauf zu drängen, um auch dort die Verehrung des Einen und Einzigen in den Herzen der Menschen zum Blühen zu bringen.

Aus Ebner, Peter: Ihr werdet meine Zeugen sein.
Aus dem Leben heiliger Menschen. 2002.
Topos plus Taschenbuch 458, Seite 48 bis 49.

Klara von Assisi

Die Zeuginnen des Heiligsprechungsprozesses schildern Klara als Frau, die ihnen als Gefährtin, Mutter und Schwester sehr lebendig vor Augen ist. Das Anliegen der „Novemberrunde" von 1253 war, diese lebendige Frau als Heilige zu erkennen. Uns ist nach 800 Jahren vor allem das Bild der Heiligen vertraut.

Viele stellen sich Klara als stille, zurückhaltende und demütige „Klosterblume" vor. Sehr schnell wird daraus eine verschlossene, initiativlose und blutleere Nonne, die sich hinter hohen Mauern beziehungslos und weltfremd in den Himmel sehnt. Sie war aber eine vitale, kraftvolle und ideenreiche Frau.

Klara geht ihren Lebensweg erstaunlich eigenständig. Schon im Elternhaus löst sie sich von den familiären und gesellschaftlichen Vorgaben und folgt mutig ihrer eigenen Sehnsucht. In der Odyssee nach ihrer Flucht sucht sie noch radikaler auf sich allein gestellt, um dann ihre Berufung zusammen mit Gefährtinnen in San Damiano durch vierzig Jahre in gemeinsamer Freiheit zu entfalten. Inmitten des kirchenpolitischen Wirrwarrs um den päpstlichen „Damiansorden" bleibt sie konsequent und fasst die Originalität ihrer Lebensform schließlich in eine eigene Regel, der am Ende auch der Papst seine Zustimmung nicht verweigern kann. Klara gestaltet ihren Weg gemeinschaftlich. Drückt bereits die forma vivendi, die gemeinsame Lebenswahl eines jungen Schwesternkreises aus, vernetzt sich dieser dann mit gleichgesinnten, ähnlich radikalen Frauengemeinschaften in Umbrien und der Toskana, um schließlich durch Brüder enge Verbindungen über die Alpen bis nach Prag zu knüpfen. Frucht gemeinsamer Schritte und vereinten Ringens ist dann auch eine Regel, die über San Damiano hinaus einem Ordo sororum pauperum Wege weist.

Klara gestaltet ihren Weg bemerkenswert umsichtig. Politisch nimmt sie sensibel wahr, wo das Laterankonzil, der Wandel des Brüderordens und die päpstliche Nonnenpolitik sie zur Initiative oder zur Standfestigkeit herausfordern. Die Schwester bleibt mit Gefährtinnen von nah und fern der Spur treu, die sie – inspiratione divina – gemeinsam und frei gewählt haben. Woher kommt so viel kraftvolles und beziehungsreiches Leben? Klara selber versteht sich als wachen Spiegel, in den das lebendige Licht fällt. Wer in diesen Spiegel schaut, findet zur Lichtquelle: Christus, den unsere Schwester mit Frau Armut umarmt. Klara ermutigt ihre Schwestern und damit auch uns, selber aus dieser Quelle zu leben. Was der mächtige Rainald di Segni als Papst Alexander IV. bei der Heiligsprechung feierlich formuliert, wird für uns zur Herausforderung, selber solche Spiegel des Lichtes zu sein:

„Bewundernswerte Klarheit der heiligen Klara. Sie findet sich umso leuchtender, je aufmerksamer wir sie im Detail suchen! Sie strahlt hervor in dieser Welt und hell leuchtet sie auf in der Christenheit. Im Elternhaus glänzte sie wie ein Sonnenstrahl, im Kloster funkelte sie wie ein Blitz. Sie schimmerte hervor im Leben und strahlt nach dem Tode; auf Erden erglänzte sie und im Himmel leuchtet sie zurück."

*Aus Kreidler-Kos, Martina / Röttger, Ancilla / Kuster, Niklaus (OFMCap): Klara von Assisi.
Freundin der Stille – Schwester der Stadt. 2. Auflage 2006.
Topos plus Taschenbuch 561, Seite 125 bis 126.*

Elisabeth, oder: Die Kraft einer Person

Es gibt Frauen, die wirken durch ihre Schönheit, andere Frauen werden wegen ihrer Tatkraft bewundert, so Katharina die Große oder Margret Thatcher. Inzwischen erwecken Frauen als erfolgreiche Managerinnen Bewunderung. Elisabeth, die ungarische Königstochter, hat nicht nur ihre Zeit geprägt, viele Eltern geben ihren Töchtern diesen Namen.

Elisabeth hat eine große Ausstrahlung behalten, ohne dass ihre Schönheit besungen, ihre Tatkraft bewundert, ihr Organisationstalent bestaunt wird. Sie wirkt durch ihr Leben. Ihre Wirkung beruht wohl darauf, dass sie etwas gelebt hat, was der Sehnsucht vieler Menschen entspricht. Sie hat den religiösen Aufbruch ihrer Zeit, der Laienfrömmigkeit, die eine größere Nähe zu Gott sucht, der Anmut, die eine größere Unmittelbarkeit zu Gott ermöglicht, ihre Gestalt gegeben. Sie hat das getan, was in der Luft lag.

Ein Vergleich kann das vielleicht verdeutlichen. In unserem Zeitalter mit seiner Betonung des Körpers sind es die Triathlon-Sportler und -Sportlerinnen, die das tun, was in der Vorstellung vieler schwingt: sich total verausgaben, bis an die Grenzen körperlicher Leistungsfähigkeit gehen. Bis an die Grenzen ist Elisabeth gegangen, sie hat sich total verausgabt und hatte ihr Leben mit 24 Jahren bereits verbraucht. Körperbezogen war ihr Leben wie das des heiligen Franziskus. Sie konnte reiten, sie hat selbst das Essen zu den Almen gebracht, sie hat die Aussätzigen angefasst. Offensichtlich war sie keine Dame, die vornehm in ihrer Kemenate residierte und die körperlichen Tätigkeiten ihren Mägden überließ. Die Menschen sahen sie nicht nur von ferne, wenn sie in der Kirche in der Loge der Adelsfamilie saß. Vielmehr konnten die Bürger von Eisenach und Marburg sie anfassen, mit ihr auf der Straße reden.

Auch hier ein Vergleich: Die Päpste Johannes XXIII. und Johannes Paul II. waren den Menschen so nahe, weil sie unter die Leute gingen, sie ließen sich anfassen, segneten Groß und

Klein. Elisabeth wurde in ihrem Verhalten nicht vom Hofzeremoniell gelenkt, sondern von ihrem eigenen Willen. Sie wollte bei den Menschen sein, die Gott mehr liebte als die Adeligen und Reichen, nämlich die Armen und Kranken.

Da sie ihr Leben nicht im Kloster, sondern unter den Leuten und dann in Marburg mit den Kranken verbrachte, ist ihr Handeln für jeden verstehbar, anders als das anderer Großen ihrer Zeit. Wer konnte schon Thomas von Aquin, den großen Theologen des Mittelalters, der 1225 zu Lebzeiten Elisabeths geboren wurde, aus der Nähe kennen lernen? Er war mit Büchern beschäftigt, diktierte seine Werke, war beim Chorgebet. Auch er war europaweit bekannt, aber nicht bei den einfachen Leuten.

Elisabeth hat Sehnsüchten durch ihr Leben eine Gestalt gegeben. In der Frau des europäischen Hochadels hat Gott seine Zuwendung zu den einfachen Leuten, zu den Armen und Kranken neu Ausdruck gegeben. Die Intensität ihres Engagements strahlt bis heute aus, sie hat viele Menschen bewegt und ist modern geblieben. Die Mädchen werden heute nicht mehr Lisbeth gerufen, sondern Lisa. Es bleibt ihr Name, und vielleicht wurde Elisabeth so schon von den Eisenachern und Marburgern genannt. Oder können wir uns vorstellen, dass die Leute gesagt haben: „Hast du die Landgräfin gesehen?“

Zimmermann, Helmut / Bieger, Eckhard (SJ): Elisabeth. Heilige der christlichen Nächstenliebe. 2. Auflage 2007. Topos plus Taschenbuch 598, Seite 143 bis 144.

Ignatius von Loyola – Gott in allen Dingen finden

Rom, Sommer 1553: Ignatius von Loyola, seit 1541 Generaloberer der Gesellschaft Jesu, erzählt in La Strada, dem ersten Haus des Ordens, seinem Mitbruder Luis Gonçalves da

Câmara sein Leben. – Bis es soweit war, hatte es lange gedauert, und mancher Widerstand musste überwunden werden. Ignatius war in den letzten Jahren immer schweigsamer geworden, was ihn selbst betraf. Den Anstoß zu seinen Erinnerungen hatte Jerónimo Nadal gegeben, der engste Mitarbeiter des Ignatius beim inneren Aufbau des Ordens.

Kopfbüste des Ignatius, gearbeitet nach der Totenmaske. Aus: Haub, Rita: Ignatius von Loyola. Gott in allen Dingen finden. Topos plus Taschenbuch 567, Seite 84.

Im Vorwort zum „Bericht" erinnert er an die Umstände: Von unserem Vater hatten ich und andere Patres gehört, er habe Gott gebeten, es möchten ihm vor seinem Tod drei Gnaden gewährt werden: erstens, dass das Institut der Gesellschaft vom Apostolischen Stuhl bestätigt werde; zweitens, dass dies gleicher Weise mit den Exerzitien geschehe; drittens, dass er die Konstitutionen schreiben könne. Als ich mich daran erinnerte und sah, dass er dies alles erreicht hatte, befürchtete ich, er werde bald aus unserer Mitte zu einem besseren Leben abberufen.

Die drei Herzenswünsche des Ignatius waren tatsächlich im Laufe eines Jahrzehnts der Reihe nach in Erfüllung gegangen: Am 27. September 1540 hatte Papst Paul III. mit der Bulle „Regimini militantis Ecclesiae" die Gesellschaft Jesu als neuen Orden der Kirche anerkannt. Das Buch der „Geistlichen Übungen" war am 31. Juli 1548 vom gleichen Papst feierlich bestätigt worden. Schließlich hatte Ignatius 1550 Dank der Mitarbeit seines Sekretärs Juan de Polanco den vollständigen Entwurf der Satzungen abgeschlossen.

Aber nicht nur die Lebenspläne des Ignatius waren vollendet. Auch die Rückfälle in die Krankheit, die immer häufiger wurden, ließen die Gefährten seinen baldigen Tod befürchten. Deshalb baten sie um ein „Geistliches Testament". Nadal trug Ignatius diesen Wunsch 1551 vor mit der dringenden Bitte, er möchte uns doch darlegen, auf welche Weise ihn Gott vom Anfang seiner Bekehrung an geführt habe, damit dieser Bericht uns als Testament und väterliche Unterweisung dienen könne.

Der Wunsch nach einem „Geistlichen Testament" hat sich hier verdichtet zum Verlangen, Ignatius möchte ihnen berichten, wie Gott ihn geführt habe. Gerade die Gefährten, die ihm besonders nahe standen, waren überzeugt: Auf die gleiche Weise, wie Gott einst durch seine Gnade Ignatius geführt hatte, würde von ihm in Zukunft auch die ganze Gesellschaft Jesu geleitet werden.

Es dauerte nach Nadals Bitte allerdings noch zwei Jahre, bis Ignatius, stets neu bedrängt von den Gefährten, aber auch behindert durch die Geschäfte der Ordensleitung, dafür Zeit fand. Am 4. August 1553 begann er vor Luis Gonçalves da Câmara, den er für die Niederschrift bestellt hatte, seinen „Bericht". Nach mehreren, zum Teil längeren, Unterbrechungen konnte dieser am 22. Oktober 1555 abgeschlossen werden.

Während eines Jahrzehnts dienten die Erinnerungen des Ignatius, die bald in zahlreichen Abschriften im Kreis der Gefährten zirkulierten, zu deren geistlicher Erbauung, dann verschwanden sie aus ihren Reihen. Der Generalobere Francisco de Borja hatte 1567 eine umfassende Biographie des Ordensgründers veranlasst und zugleich verordnet, die Häuser des Ordens sollten alle vorhandenen schriftlichen Zeugnisse Ignatius betreffend nach Rom abliefern. Dies hatte zur Folge, dass auch sämtliche Exemplare seines „Berichts" eingezogen wurden und das wertvolle Dokument, das die ersten Gefährten so dringlich erbeten und als Testament hochgeschätzt hatten, den folgenden Generationen verborgen blieb. Erst das 20. Jahrhundert fand durch die Veröffentlichung des Originals in der quellenkritischen Ausgabe der Monumenta Historica Societatis Jesu (MHSI) und noch mehr durch Übersetzungen in verschiedene Sprachen neuen Zugang zu diesem einzigartigen Selbstzeugnis.

Das Original trägt keinen Titel. Neuere Ausgaben bezeichneten es als „Bekenntnisse", „Selbstbiographie" oder „Lebenserinnerungen". Immer mehr hat sich dann, angeregt von der ersten französischen Übersetzung („Le récit du pèlerin", 1922), der Titel „Der Bericht des Pilgers" durchgesetzt. Ignatius spricht darin von sich selbst immer in der dritten Person und nennt sich stets den „Pilger". Vordergründig rührt diese Bezeichnung von seiner Wallfahrt ins Heilige Land her. Der erste Teil des „Berichts" steht ganz in ihrem Zeichen, vom Entschluss auf dem Krankenlager in Loyola bis zur Rückkehr aus Palästina. Mehr noch aber ging Ignatius in diesen Jahren 1521 bis 1537 einen inneren

Pilgerweg auf der ständigen Suche nach dem Willen Gottes: Wie Gott ihn geführt habe.

Aus Haub, Rita: Ignatius von Loyola. Gott in allen Dingen finden. 2006. Topos plus Taschenbuch 567, Seite 9 bis 11 (gestrafft).

Sonne, Mond und Sterne

Die jesuitische Tradition, in den Naturwissenschaften zu forschen, geht zurück bis in die Anfänge der Gesellschaft Jesu im 16. Jahrhundert. Für dieses Engagement gibt es verschiedene Gründe: Zum einen wurde von Beginn an die Forschung als Bestandteil jesuitischer Erziehung und Gelehrsamkeit betrachtet. Zum anderen ist es tief in der Spiritualität verwurzelt.

Das Selbstverständnis des Jesuiten als contemplativus in actione verbindet eine Hochschätzung des Studiums mit der Heiligkeit weltlicher Arbeit. Diese Haltung lässt sich sehr gut in Einklang bringen mit naturwissenschaftlicher Gelehrsamkeit. Außerdem gibt es auch apostolische Gründe, um Zeugnis zu geben vom Leben aus dem Glauben in einem Bereich der Welt, der oft als atheistisch galt. Zudem sollte ein notwendiger und fruchtbarer Dialog gepflegt werden zwischen Theologie und Naturwissenschaften. Schließlich waren es Gründe der Nächstenliebe, die humanitäre Hilfe bringen sollten für die Menschen, was von Anfang an die naturwissenschaftliche Arbeit rechtfertigte.

Die Astronomie hat eine lange Tradition bei den Jesuiten. Für die Jesuiten in China war die Wissenschaft ein wichtiges Instrument, um Glaubwürdigkeit zu gewinnen, wenn sie mit den Menschen sprechen. Das ist heute sicher nicht mehr das zentrale Motiv. Heute haben die Menschen von sich aus ein Interesse, mit einen Theologen und Naturwissenschaftler zu sprechen. Der tiefere Grund, warum Jesuiten sich dafür entscheiden, auch Naturwissenschaftler zu werden, ist sicher derselbe, der jeden anderen Wissenschaftler auch motiviert: Neugier und eine tiefe Liebe zum Universum. Guy Consolmagno SJ, Research Scientist an der University of Arizona, dessen Forschungsgebiet die Untersuchung der Astroiden ist, differenziert: Der einzige Unterschied zu anderen Astronomen ist wohl der, dass für einen Jesuiten die Liebe zur Natur gleichzeitig auch die Liebe zu seinem Schöpfer ist.

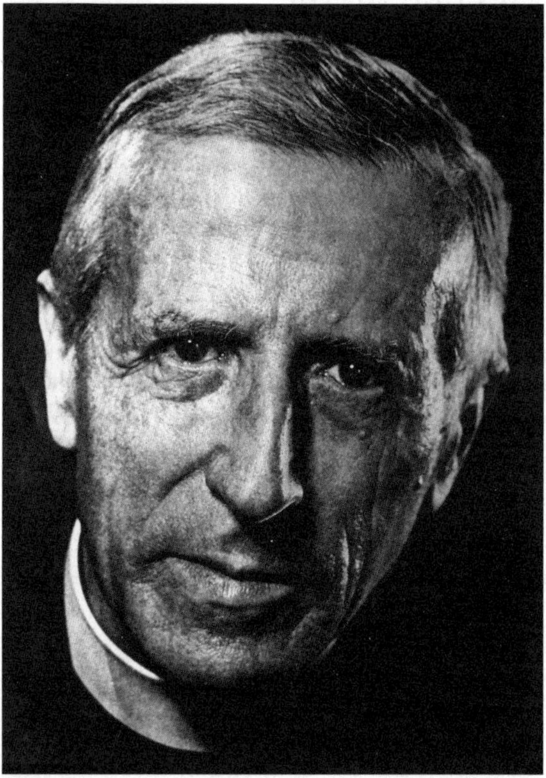

Pierre Teilhard de Chardin – der bekannteste Naturwisschenschaftler der Jesuiten im 20. Jahrhundert. Aus: Haub, Rita: Sonne, Mond und Sterne. Jesuiten als Entdecker. Topos plus Taschenbuch 642, Seite 84.

Durch die Jahrhunderte hindurch haben die Jesuiten als Naturwissenschaftler an eigenen Kollegien und auch in anderen Institutionen, wie den von Jesuiten geleiteten Sternwarten gelehrt und geforscht. Viele andere Jesuiten haben als Naturwissenschaftler an staatlichen Instituten und Universitäten gearbeitet. So hat der deutsche Jesuit Prof. Dr. Otto Schärpf (geb. 1929) als theoretischer Physiker in Braunschweig, Grenoble und München mit Magnetismus, Elektronenoptik und Neutronenphysik beschäftigt und ein Neutronenmessgerät entwickelt. Für ihn ist Jesuit und Physiker kein Widerspruch, wie er 1989 formuliert hat: Ich frage mich oft, was die Arbeit eines Christen und Ordensangehörigen von der anderer Menschen unterscheidet. Ich meine, der Unterschied liegt nicht im „Was" sondern im „Wie", genauer: darin, dass er „Gott in allen Dingen finden" kann, wie Ignatius von Loyola sagt. Und man muss wirklich fähig sein, dieses „Gott in allen Dingen finden" ganz selbstverständlich zu leben, wir müssen ganz davon durchdrungen sein, ohne dass wir noch ausdrücklich daran denken müssten. Dann ist es uns zur zweiten Natur geworden

Aus Haub, Rita: Sonne, Mond und Sterne.
Jesuiten als Entdecker. 2008.
Topos plus Taschenbuch 642, Seite 90 bis 93 (gestrafft).

Brückenschläge – Wirken und Wirkung der Katholikentage

Rauchschwaden wabern durch das Hinterzimmer eines Kölner Weinrestaurants, Kerzenleuchter können den Nebel kaum durchdringen. Zahlreiche Männer genießen mit einigen Schoppen und guten Zigarren den Abschluss eines bedeutenden Tages. Sie tragen gesteifte weiße Hemden mit Vatermörder, Frack oder Gehrock, einige von ihnen Soutane und römische Kragen. Am Eingang der Stube, aufgereiht an der Wand, haben sie ihre Zylinder, abgelegt. Wir schreiben den Abend des 15. August 1848. Sechshundert Jahre zuvor war der Grundstein der Kölner Kathedrale gelegt worden.

Der streitbare Publizist, der sich wortmächtig für die Vollendung des Kölner Doms einsetzte, war im Januar des Jahres gestorben. „Mit ihm an der Spitze kämen wir voran", sagt einer der Herren. Ein anderer ergänzt: „Dann würde unsere Kirche bald wieder so geachtet in Deutschland wie der Dom." – „Aber das zu bewirken, sind wir doch angetreten!" – „Wir verlangen Freiheit! Freiheit für die Kirche! Freiheit für unseren Glauben", rufen einige durcheinander. „Das wollen wir!" – „Sehr richtig!" – „Sehr wahr", antworten andere. „Das ist unser billiges Verlangen", verschafft sich einer Gehör, „dafür setzen wir uns doch alle ein." – „Nur, jeder unserer Vereine für sich ist zu schwach", wirft jemand ein. „Richtig! Sehr wahr!" stimmt man zu. Viele nicken eifrig. Die würdigen Herren, denen man nach ihrer behäbigen Statur solche Erregung kaum zutrauen würde, sind Gründer und Mitglieder katholischer Vereine, die in den Monaten zuvor an vielen Orten in den deutschen Ländern entstanden sind. Man hat verabredet, sich am Abend des Dombaufestes zu treffen und die Lage der Kirche und der Katholiken in Deutschland zu erörtern.

„Wir müssen uns zusammenschließen", bringt einer der Versammelten den Gedanken vieler zum Ausdruck. „Ja, ja, ein Verein für ganz Deutschland!" – „Alle deutschen Katholiken als Bundesgenossen!" – „Für die Freiheit der Kirche, für das Ende der Bedrängnisse!" – „Ausgezeichnet! Bravo!" ruft es von allen Seiten. Einer der Herren ist aufgesprungen und hebt sein Glas: „Ein dreifach Hoch den katholischen Vereinen!" Sie stoßen ihre Römer miteinander an. „Wir müssen uns wieder treffen." – „Aber bald muss es geschehen!" – „Ja, ja, sehr schnell." – „Wo könnte das sein?" – Ein gesetzter Herr in Soutane erhebt sich: „Unser Mainzer Verein will dazu einladen."

So könnte man sich die Szene an jenem Abend des 15. August 1848 vorstellen, an dem der Gedanke zur Gründung eines Katholischen Vereins für ganz Deutschland geboren wird. Der agile Mainzer Domkapitular Adam Franz Lennig, der im März den ersten der bis dahin lokalen Vereine von Katholiken gegründet hat, schafft in nicht einmal zwei Monaten nach dem Kölner Treffen die organisatorischen Voraussetzungen. Vom 3. bis 6. Oktober 1848 findet in Mainz die Gründungsversammlung des „Katholischen Vereins Deutschland" statt. Sie gilt als der erste der mit Osnabrück 2008 insgesamt 97 Katholikentage.

Keiner der Herren, die in Köln und Mainz dabei waren, hat sich wohl träumen lassen, dass damit eine weltweit einzigartige Bewegung ausgelöst wird, die bis heute, 160 Jahre danach, immer wieder Scharen von Katholiken zusammenführt. Keiner dürfte sich damals vorgestellt haben, dass viele Gedanken und Ideen, die in die Versammlungen und Treffen eingebracht werden, bis heute wirksam sind.

Zwischen trotziger Selbstbehauptung anfangs und vielsprachiger Verunsicherung heute spannen die Katholikentage über mehr als eineinhalb Jahrhunderte einen weiten inhaltsreichen Bogen auf der Suche nach Gott und Glauben in der Verantwortung für Kirche und Welt. Wie eine mächtige Trutzburg wollte sich im 19. Jahrhundert die katholische Christenheit in einer kirchenfeindlichen Landschaft aufbauen und unübersehbar, unüberwindbar aufragen. Katholikentag, das hieß Selbstbehauptung gegenüber einem Staat, der die Kirche zu bevormunden trachtete; Katholikentag, das hieß Selbstbestätigung, Mobilisierung aller Kräfte, einträchtig geschart hinter ihren Oberhirten, für die Rechte der Kirche und zum Wohl der Gesellschaft. Heute, im 21. Jahrhundert, werfen Katholikentage mehr Fragen auf, als dass sie Antworten geben inmitten einer säkularen, religiös gleichgültigen, nicht selten gar glaubensfeindlichen Gesellschaft bei wenigstens praktikablen Regeln zwischen Kirche und Staat. Heute zeigen die Laientreffen eher innerkirchliche Verunsicherung durch eine Vielfalt der Meinungen unter den Katholiken, manchmal auch Streit untereinander und Protest gegen die kirchliche Autorität, und sie suchen doch Dialog und Gemeinschaft.

Aus Goertz, Hajo: Brückenschläge. Wirken und Wirkung der Katholikentage. 2006. Topos plus Taschenbuch 602, Seite 7 bis 8.

Kirche und Nationalsozialismus

Die Epoche des Nationalsozialismus hat tiefe Spuren in der jüngeren Geschichte sowie im

Gedächtnis Deutschlands und Österreichs hinterlassen. Sie hat unter dem „Katholiken Adolf Hitler" (Friedrich Heer) durch ihre Radikalisierung im Zweiten Weltkrieg über Europa millionenfaches Leid gebracht. In ihrer Tiefen- und zeitlichen Fernwirkung ist sie durchaus mit dem Dreißigjährigen Krieg (1618-1648) vergleichbar, der in Mitteleuropa in gewissem Sinn ähnliche verheerende Auswirkungen gehabt hatte. Auch er war wie der nationalsozialistische Weltanschauungskrieg zu einem großen Teil von einem „Glaubenskampf" geprägt und wirkte noch Jahrzehnte danach ebenso traumatisierend weiter. Manche meinen sogar bis ins 19. Jahrhundert hinein. Daher wundert es nicht, dass eine Historisierung der Epoche des Nationalsozialismus noch immer sehr schwierig ist, wie z. B. die Debatten um den Historikerstreit (ab 1986) und andere ähnliche gezeigt haben.

Das ist zu bedenken, wenn man sich mit dem Thema „Kirche und Nationalsozialismus" auseinandersetzt. Ein Herangehen an diese Fragen mit einem „Schwarz-Weiß-Schema" führt nicht zu einem befriedigenden Ergebnis. Auf diese historische Epoche besonders, aber auch auf die allgemeine Geschichte wie auch die Kirchengeschichte trifft zu: Wer als heute Lebender, mit den gegenwärtigen Erfahrungen und Einstellungshaltungen, verstärkt durch die „Brille der politischen Korrektheit", Menschen und deren Taten in früheren Zeiten beurteilt, wird der Sache kaum gerecht und kommt auch nicht viel weiter.

Die Forschungen über den Nationalsozialismus konzentrierten sich in den letzten Jahren, wenn nicht sogar Jahrzehnten, in der Hauptsache auf die Judenvernichtung und den Opfer- bzw. Täter-Status. Diese Thematik ist nach wie vor medienwirksam, so dass andere Bereiche – wie etwa Kirche/Christentum-Nationalsozialismus – eher in den Hintergrund getreten sind, es sei denn, es gibt Bezugspunkte zur nationalsozialistischen Judenvernichtungspolitik (Daniel J. Goldhagen). Insofern ist es angemessen, wieder einmal auf die wichtigsten Punkte des Verhältnisses zwischen Kirche bzw. Christentum und Nationalsozialismus einzugehen: Haben die Kirchen die Gefahr des Nationalsozialismus frühzeitig erkannt? Haben sie sich entschieden genug von ihm distanziert? Welche Rolle spielten Katholiken und Protestanten bei der Machtergreifung Hitlers? Wie lief der nationalsozialistische Kirchenkampf ab? Wie äußerte sich der Widerstand der Kirchen und Christen im Dritten Reich? Haben die Kirchen bei der Judenverfolgung versagt?

Die katholische Kirche hat insgesamt die nationalsozialistische Herausforderung in Theorie – d. h. in der weltanschaulichen Auseinandersetzung – und in der Praxis gemeistert. Im Nachhinein bzw. im Urteil der Generation, die mit der „Gnade der späten Geburt" ausgezeichnet ist, mag so manche Handlungsweise eines Amtsträgers oder eines einfachen Katholiken nicht immer als richtig bewertet werden. Das zeigt der Verlauf der diesbezüglichen Debatte in Deutschland nach 1945. Der der katholischen Kirche zugemessene Schuldanteil am Nationalsozialismus ist dabei ständig gestiegen. Hierbei bildet Rolf Hochhuths „Der Stellvertreter" (1963) einen besonderen Markstein, aber auch die gleichzeitige linkskatholische Selbstkritik der ausgehenden Adenauer-Zeit ist in diesem Zusammenhang zu erwähnen.

„Der Wissenschaftler, der der Vergangenheit zu ihrem Recht verhelfen und erforschen will, wie es tatsächlich gewesen ist, trifft auf die von geschichtspolitischen Interessen geleiteten Versuche, die Deutungshoheit über den Umgang mit dieser Vergangenheit zu erreichen. Die Feststellung, dass Forschungsergebnisse oft nur sehr zögerlich, nur teilweise und manchmal auch gar nicht im allgemeinen Geschichtsbild wiederkehren, kann vor diesem Hintergrund nicht überraschen." (Karl-Joseph Hummel) Wer in den letzten 25 Jahren neue Forschungsergebnisse veröffentlichte, die die Kirche entlasteten, wurde nicht selten mit Vorwürfen der „Schönschreiberei", der „Verharmlosung" u. ä. bedacht.

Aus Hartmann, Gerhard: Kirche und Nationalsozialismus. 2007. Topos plus Taschenbuch 624, Seite 7 bis 12 (auszugsweise).

Edmund Husserl: Empfehlung für eine Habilitation Edith Steins

Fräulein Dr. phil. Edith Stein, meine langjährige Schülerin an den Universitäten zu Göttingen und Freiburg, hat im Sommersemester d. J. 1916 in Freiburg summa cum laude das Doktorat der Philosophie gemacht, und zwar mit einer ausgezeichneten wissenschaftlichen Abhandlung über »Einfühlung«, die sogleich nach ihrem Erscheinen das Interesse der Fachmänner erweckt hat. Sie wirkte nachher über eineinhalb Jahre als meine Assistentin und leistete mir nicht nur wertvolle Dienste bei der Ordnung und Verarbeitung meiner Manuskripte für umfassende wissenschaftliche Publikationen, sondern nicht minder bei meiner akademischen Lehrtätigkeit. Sie hielt zu diesem Zweck regelmäßig philosophische Übungen für meine, nach tieferer wissenschaftlicher Ausbildung strebenden Hörer, an welchen nicht nur philosophische Anfänger, sondern auch Fortgeschrittene teilnahmen.

Von dem ausgezeichneten Erfolg dieser Mitwirkung konnte ich mich im Fortgange meiner eigenen seminaristischen Übungen und durch persönliche Fühlungnahme mit meinen Hörern überzeugen. Fräulein Dr. Stein hat in der Philosophie eine weite und tiefe Bildung gewonnen, und ihre Fähigkeiten für selbständige wissenschaftliche Forschung und Lehre sind außer Frage. Sollte die akademische Laufbahn für Damen eröffnet werden, so könnte ich sie an allererster Stelle und aufs wärmste für die Zulassung zur Habilitation empfehlen.

Geh. Hofrat Prof. Dr. Edmund Husserl an der Universität zu Freiburg i. Br. 6. Februar 1919

Aus Herbstrith, Waltraud (Hg.): Edith Stein. Ein Lebensbild in Zeugnissen und Selbstzeugnissen. 3. Auflage 2001. Topos plus Taschenbuch 401, Seite 82.

Rupert Mayer

Der Anstoß zum großen öffentlichen Konflikt zwischen P. Rupert Mayer und dem Nationalsozialismus kam aus Berlin. Dort verhängte man im Reichssicherheitshauptamt, der Zentrale der Gestapo für das Deutsche Reich, am 7. April 1937 über den Münchner Männerapostel wegen seiner staatsschädigenden Reden Redeverbot für das gesamte Reichsgebiet. Es wurde ihm auch verboten zu predigen, ausgenommen in der St. Michaelskirche. Die Folge war: Aufregung unter den Verantwortlichen in der Kirche. Kardinal Faulhaber und der Provinzial der Jesuiten, P. Augustin Rösch, waren einer Meinung: Das Verbot kann nicht unwidersprochen hingenommen werden.

So kam, was nicht zu verhindern war: P. Rupert Mayer predigte weiter. Am 5. Juni 1937 wurde er das erste Mal von der Gestapo verhaftet. Diese Nachricht verbreitete sich in München schnell. In einer Kanzelverkündigung des Erzbischöflichen Ordinariats hieß es, der „bekannte und verehrte Männerapostel Münchens“ sei festgenommen worden. Als dieser Text in der St. Michaelskirche verlesen wurde, erhob sich – laut Bericht der Gestapo – „ein sehr lautes, mehrfach wiederholtes Pfuirufen, dem der Prediger erst nach einiger Zeit Einhalt gebieten konnte“.

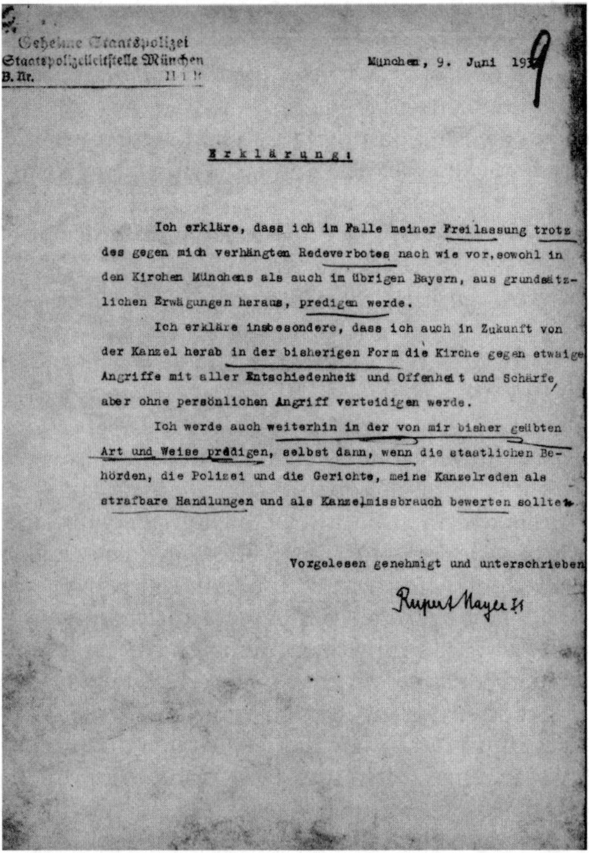

Geheime Staatspolizei
Staatspolizeileitstelle München
B. Nr.

München, 9. Juni 19[illegible] 9

Erklärung:

Ich erkläre, dass ich im Falle meiner Freilassung trotz des gegen mich verhängten Redeverbotes nach wie vor, sowohl in den Kirchen Münchens als auch im übrigen Bayern, aus grundsätzlichen Erwägungen heraus, predigen werde.

Ich erkläre insbesondere, dass ich auch in Zukunft von der Kanzel herab in der bisherigen Form die Kirche gegen etwaige Angriffe mit aller Entschiedenheit und Offenheit und Schärfe, aber ohne persönlichen Angriff verteidigen werde.

Ich werde auch weiterhin in der von mir bisher geübten Art und Weise predigen, selbst dann, wenn die staatlichen Behörden, die Polizei und die Gerichte, meine Kanzelreden als strafbare Handlungen und als Kanzelmissbrauch bewerten sollten.

Vorgelesen genehmigt und unterschrieben

Rupert Mayer SJ

Erklärung P. Rubert Mayers SJ vor der Münchener Gestapo am 9. Juni 1937. Aus: Haub, Rita: Rupert Mayer. Der Wahrheit verpflichtet. Topos plus Taschenbuch 512, Seite 45.

Die Gestapo erwirkte einen richterlichen Haftbefehl gegen Rupert Mayer. Als Grund wurde angegeben: Kanzelmissbrauch bei Predigten in der Zeit vom 27. Mai 1936 bis 23. Mai 1937. P. Mayer kam nun am 11. Juni zur Untersuchungshaft nach Stadelheim. Sofort setzten sich Freunde für ihn ein. Doch die Haftbeschwerde wurde verworfen. Inzwischen wurde weiteres Belastungsmaterial gegen ihn gesammelt. Das Reichsministerium der Justiz in Berlin mahnte, die Strafsache gegen Mayer voranzutreiben. Man wollte bald ein Exempel statuieren, um den Anfängen eines kirchlichen Widerstands gegen das Dritte Reich zu wehren. Öffentlich zeigte sich weiterhin der Unmut der Münchner.

Als dies alles nichts fruchtete, stieg Kardinal Faulhaber am 4. Juli 1937, dem Tag des Hauptkonvents der Marianischen Männerkongregation, auf die Kanzel von St. Michael und hielt seine große Predigt: „Wenn die Flammenzeichen rauchen". Er stellte sich unter dem Bibelwort „Es ist eine Zeit zu schweigen und eine Zeit zu reden" (Koh 3,7) mit aufrüttelnden Worten hinter Rupert Mayer.

Die Verhandlung des Sondergerichts gegen Pater Rupert Mayer fand am 22. und 23. Juli 1937 im Justizpalast in München statt. Am 23. Juli 1937 kurz nach 13.00 Uhr verkündete das Sondergericht das Urteil gegen Pater Mayer: Er wurde „wegen eines fortgesetzten Vergehens des Kanzelmissbrauchs in Tateinheit mit einem fortgesetzten Vergehen gegen das Gesetz vom 20. Dezember 1934 zu einer Gefängnisstrafe von sechs Monaten, abzüglich sechs Wochen erlittener Untersuchungshaft sowie zur Tragung der Kosten des Verfahrens und der Strafvollstreckung verurteilt".

Rupert Mayer bedankte sich für sein Urteil, denn er glaubte, „dass die Richter der katholischen Sache keinen größeren Dienst erweisen könnten, als wenn sie katholische Priester, die für die Rechte und Freiheiten der Kirche eintreten, verurteilen und einsperren". Er wurde nach der Sitzung ins Gefängnis zurückgebracht. Durch die Verhandlungen seines Provinzials Pater Rösch und seines Verteidigers mit dem Reichssicherheitshauptamt in Berlin konnte eine vorläufige Freilassung erwirkt werden. Der Ordensobere hatte dem Gericht zugesagt, dass sich der Pater in den nächsten Wochen außerhalb von München aufhalten werde. Vor allem sollte er sich vorerst jeglicher Predigttätigkeit enthalten. Daraufhin wurde P. Mayer in Begleitung eines Gestapobeamten in das Exerzitienhaus auf der Rottmannshöhe am Starnberger See gebracht.

Aus Haub, Rita: Rupert Mayer. Der Wahrheit verpflichtet. 2004. Topos plus Taschenbuch 512, Seiten 42 bis 51 (auszugsweise).

Der Klangraum der Glocke ist Heimat für die Menschen

Der Gier des Ersten und Zweiten Weltkrieges fielen unzählige Glocken zum Opfer. Diese beiden Kriege sollten alle Vorstellungskraft weit übertreffen. Als im Jahre 1917 die Erfassung und Ablieferung der Kirchenglocken begann, leisteten die Hüttenwerke im Auftrag der Kriegsherren äußerst zuverlässige und gründliche Arbeit. Von den 70.000 abgelieferten Glocken kehrten nur etwa 250 auf ihre Heimattürme zurück. Die Hälfte aller Kirchenglocken war vernichtet. Ein sinnloses Zerstörungswerk von unglaublicher, kaum fassbarer Dimension.

Ein Zeitzeuge berichtet: „Die so genannten Glockenfriedhöfe, auf denen die Glocken zur letzten Ruhe gebettet wurden, bevor sie der Vernichtung anheim fielen, hatten etwas unsagbar Wehmütiges. Da lagen die schönen, mit soviel Mühe und Kunst verfertigten Glocken, die von Turmeshöhen den Menschengeschlechtern mit eherner Zunge Freud und Leid verkündigt, wild übereinander gestürzt, ein ungeheueres Trümmerfeld.

... Die Zertrümmerung der Glocken ging auf dem in der Nähe der Schmelzöfen gelegenen Zertrümmerungsplatz vor sich. Hier wurden die kleineren Glocken mit einem schweren Hammer zerschlagen, die größeren gesprengt. Gewöhnlich ertönte die Glocke im Augenblick des Sprengens noch einmal, wie wenn sie ihren letzten Klagelaut von sich gegeben hätte."

Reinhold Schneider hatte wie Don Bosco eine böse Ahnung. In seinem Buch „Das Inselreich" aus dem Jahre 1936 warnt er eindringlich vor dem materiellen und geistigen Verlust der Glockenklänge: „Verlieren die Glocken ihre Gewalt über den Lärm, die Türme die Herrschaft über die Dächer, so ist keine Hoffnung und kein Leben mehr." Ahnte Reinhold Schneider, dass seine Befürchtungen von der Wirklichkeit übertroffen würden?

Der Glockenfriedhof in Hamburg. Aus: Kramer, Kurt: Die Glocke. Eine Kulturgeschichte. Topos plus Taschenbuch 597, Seite 122.

Nur 20 Jahre war es den Glocken vergönnt, die Gläubigen zum Gebet zu rufen und vom Frieden zu künden. Vergeblich, wie es sich herausstellen sollte. Doch zunächst verordneten Landratsämter und einige Ortsbehörden auf Weisung aus Berlin drastische Einschränkungen des Läutens. Zur Durchsetzung dieser Verfügungen verbreiteten staatliche Stellen „Läuteordnungen“, die mögliche Anlässe beschränkten und nur eine Höchstläutezeit von zwei bis drei Minuten erlaubten. Evangelische und katholische Kirchen durften nur noch zu gleichen Zeiten läuten.

Um die Glocke sollte es wohl zunächst wie in einer Art Probelauf langsam leiser werden, um sie dann gänzlich zum Schweigen zu bringen – wie die Menschen. Denn nach dem Mord an Juden, Sintis und Romas wären womöglich als Nächstes die Menschen an der Reihe gewesen, denen man zuerst nur ihre Glocken wegnahm.

Unrecht, Krieg, Missachtung der Menschenwürde, Mord an unliebsamen Minderheiten, Zerstörung von Glocken. Die Reihenfolge ist beliebig, die Zusammenhänge sind über Jahrhunderte hinweg kaum zu übersehen.

Obwohl Mitte des 20. Jahrhunderts für Kriegszwecke nicht mehr zu gebrauchen, wurden Glocken im Zweiten Weltkrieg beschlagnahmt und eingeschmolzen. Selbst historisch bedeutende Glocken lagerte man auf dem Glockenfriedhof im Hamburger Hafen
zur Stärkung der deutschen Metallreserve für Zwecke der Kriegsführung auf lange Sicht.

Etwa 50.000 Kirchenglocken aus Deutschland und noch einmal 30.000 aus den von Hitlers Truppen besetzten Gebieten kamen nicht mehr auf ihre Türme zurück. Etwa 1.300 Glocken aus ehemaligen deutschen Ostgebieten verblieben zunächst in Hamburg und wurden nach dem Krieg auf die verschiedenen Bistümer und Landeskirchen in ganz Deutschland verteilt.

Der wahre Grund für die Beschlagnahmung aber lag weit tiefgründiger als die Materialfrage. Viele Menschen – und nicht nur Christen – hatten emotionale Bindungen zu ihren Glocken. Ihre Klänge begleiteten das Leben von der Geburt bis zum Tod, durch Freud und Leid, in Krieg und Frieden. Der Klangraum der Glocke war Heimat. Die Glocke bestimmte die Klangsilhouette von Dörfern und Städten. Ihr Klangteppich, ihr Rhythmus war wesentlicher, unverzichtbarer Identitätsbestandteil der kirchlichen wie auch der weltlichen Gemeinden.

Aus Kramer, Kurt: Die Glocke. Eine Kulturgeschichte. 2007. Topos plus Taschenbuch 597, Seite 119 bis 121 (gestrafft).

Clemens August von Galen

Im Februar 1936 hielt sich der Bischof Galen in Xanten am Niederrhein auf. Der Name Xanten leitet sich von ad sanctos (Zu den Heiligen) ab und nimmt Bezug auf die hier überlieferte Verehrung des hl. Viktor und seiner Gefährten, die um das Jahr 300 wegen ihres Glaubens das Martyrium erlitten. Mit der Gestalt des christlichen Viktor konkurriert eine andere, „germanische" Figur, nämlich der Namensvetter Siegfried von Xanten, der Held des Nibelungenliedes. Aus der Perspektive deutschnationaler Interpreten war der Sachverhalt klar, nach dem die christliche Viktor-Verehrung nur eine spätere, übergestülpte Vereinnahmung germanisch-heidnischer Überlieferung sein konnte. Dagegen brachten 1933 archäologische Grabungen unter dem Viktordom und der Fund von Gebeinen gewaltsam gestorbener und christlich bestatteter junger Männer aus der Zeit Diokletians den Erweis, dass sich der christliche Viktorkult bis in die Antike zurückverfolgen lässt.

Zu einer romantischen Verklärung der Vergangenheit sah von Galen indes keinen Anlass. Als er am 9. Februar 1936 im Xantener Dom die über dem Grab der Glaubenszeugen neu geschaffene Märtyrerkrypta einweihte, bezog er die Tradition der frühchristlichen Märtyrer ohne große Umschweife auf die Gegenwart: Ihr wisst es, die Zeit ist da, wo nicht wenigen von uns solches Los zuteil wird. Wie wird die hl. Kirche, der Papst, die Bischöfe, die Priester, die Ordensleute, wie werden treue Kinder der Kirche heute in Deutschland öffentlich und ungestraft verunglimpft, verlästert und verhöhnt. Wie viele Katholiken, Priester und Laien sind in Zeitungen und Versammlungen angegriffen und beschimpft, aus Beruf und Stellung vertrieben und ohne Gerichtsurteil gefangen gesetzt und misshandelt worden. ... Es gibt in deutschen Landen frische Gräber, in denen die Asche solcher ruht, die das katholische Volk für Martyrer des Glaubens hält, weil ihr Leben ihnen das Zeugnis treuester Pflichterfüllung für Gott und Vaterland, Volk und Kirche ausstellt, und das Dunkel, das über ihren Tod gebreitet ist, ängstlich gehütet wird.

Clemens August Kardinal Graf von Galen, der „Löwe von Münster". Umschlagabbildung von Markus Trautmann, Clemens August von Galen. Ich erhebe meine Stimme. Topos plus Taschenbuch 566.

Die Erwähnung frischer Gräber wurde allgemein als Hinweis auf die dem Katholizismus verbundenen Opfer des „Röhm-Putsches" 1934 verstanden. Reichskirchenminister Hans Kerrl dem die Xantener Predigt von der Gestapo zugespielt wurde, sah sich veranlasst, dem Bischof von Münster in scharfen Worten zu erwidern und über „Ihre am 9. Februar 1936 im Dom zu Xanten gehaltene Predigt mein äußerstes Befremden zum Ausdruck zu bringen."

Die Erinnerung an frische Gräber ist übrigens ein Merkmal des Xantener Domes bis in die Gegenwart geblieben, und zwar nicht nur in Worten des Gedenkens, sondern in dramatischer Echtheit. 1966 wurde die bisherige Krypta aus den dreißiger Jahren erweitert und mit den Gebeinen bzw. Überresten von christlichen Blutzeugen des Dritten Reiches belegt. Unter diesen Gräbern befindet sich auch die Ruhestätte des seligen Karl Leisner, der 1939 von Clemens August von Galen zum Diakon geweiht worden und kurz nach der Befreiung aus jahrelanger Haft im KZ Dachau 1945 verstorben war.

In diese Zeit, nämlich am 17. Juli 1936, fiel auch die Ehrenbandverleihung der CV-Verbindung Rheno-Guestfalia Hannoverisch Münden an Galen. Das war ein mutiger Schritt, denn das katholische Vereinsleben stand damals mitten in der „Gleichschaltung" bzw. Auflösung. Kurze Zeit später schrieb Galen an die Verbindung. Seine Worte stehen zweifelsohne im Kontext zu diesem Jahr: Das mir verliehene schwarz-grün-weiße-Band soll die Verpflichtung zu Bekennermut und Tapferkeit sein, um trotz Bedrängnis und Unwegsamkeit treu zu unserem christkatholischen Glauben und zu unserem Vaterlande zu stehen ... In diesem Vertrauen gemeinsamer Tatkraft darf ich euch ... zurufen, verzagt nicht, sondern steht auch weiterhin treu und fest zu unserer Kirche und unserem Schöpfer.

Nachdem Reichsminister Kerrl in scharfer Form auf die Xantener Predigt reagiert hatte und Clemens August aus dieser Predigt für sich persönlich die Konsequenz zog, sein

„Testament“ mit den Anweisungen für den Fall seiner Verhaftung zu hinterlegen, war der Bischof ein halbes Jahr später noch einmal in Xanten. Am 6. September 1936 nahm er an der traditionellen Viktor-Tracht teil. Noch einmal, und wohl ganz bewusst an diesem Ort, entfaltete er den Gedanken der Gewissensfreiheit. Das ist der wahre Sinn des heute so oft gebrauchten Wortes Gewissensfreiheit: nicht, dass jeder einzelne nach Lust und Laune und Willkür sich einen Gott und eine Religion machen und selbstherrlich die Wünsche seines Herzens als Forderungen des Gewissens aufstellen kann, sondern, dass alle Menschen, hoch und niedrig, Herrscher und Beherrschte ihr Gewissen formen nach der unveränderlichen Gotteswahrheit, ihr Handeln gestalten nach dem heiligen Gottesgesetz, das das im Lichte der göttlichen Wahrheit geformte eigene Gewissen als verpflichtende Norm des Handelns ihm vorstellt. Nicht nur Katholiken, nein, alle ehrliebenden, rechtlich denkenden Menschen haben diese Freiheit des Gewissens, die mit der Unverletzlichkeit des Gewissens anerkannte Majestät Gottes geachtet.

Was der Bischof von Münster angesichts der bedrängenden Umstände seiner Zeit aussprach, hat seine kritische Spitze auch für die Menschen der westlichen Welt im 21. Jahrhundert kaum verloren. Allerdings wird der heutige Mensch die Prämisse einer christlichen Formung des Gewissens weniger teilen als die Ermahnung des Staates, nicht in die Gewissensfreiheit des Bürgers einzugreifen.

Deutlich spürt man im Rückblick: Das Wirken des mutigen Predigers ist nicht wirklich gewürdigt, wenn man es allein in die Kategorien von „politischem Widerstand“ oder „Zivilcourage“ einordnet. Allein von seinem religiösen Standpunkt und geistlichen Amt aus sah sich Galen legitimiert und gedrängt, öffentlich und kritisch die Stimme gegen Willkür und Repressalien des NS-Staates zu erheben. Nur von daher bewertete der Bischof im letzten aber auch jede religiöse Kundgebung und jede gottesdienstliche Zusammenkunft, denn soll sie nicht eine leere Zeremonie, eine gehaltlose Nachahmung der Gebräuche unserer Vorfahren, sondern bewusstes Tun und fruchtbar für die Zukunft sein, so muss sie in uns diesen Grundsatz befestigen: Lieber sterben als sündigen! Und sollte Obrigkeit in Kirche oder Staat, in Gemeinschaft oder Familie ihre Stellung missbrauchend von uns verlangen, gegen Gottes Gesetz und gegen das nach Gott geformte Gewissen zu handeln, so wollen wir Leib und Leben opfern, aber unser Gewissen rein bewahren.

Aus Trautmann, Markus: Clemens August von Galen.
Ich erhebe meine Stimme. 2005.
Topos plus Taschenbuch 566, Seite 71 bis 77 (auszugsweise).

Ein einzigartiges Ereignis im KZ Dachau

Am 17. Dezember 1944, dem 3. Adventssonntag, fand im KZ Dachau ein einzigartiges Ereignis statt: Karl Leisner, ein junger deutsche Diakon, wurde von Gabriel Piguet, Bischof von Clermont, der im September 1944 nach Dachau deportiert worden war, zum Priester geweiht. Zunächst wusste kaum jemand etwas von dieser heimlichen Wehe. Nur den Priestern und Seminaristen, die daran teilgenommen hatten, war sie bekannt.

Heute, fast 65 Jahre später, offenbart sie uns ihre ganze Bedeutung. In ihr leuchtet der Sinn der Ereignisse auf, die sich damals zugetragen haben. Karl Leisners Weihe ist in erster Linie eine Aufforderung, an all die Menschen nicht zu vergessen, von 1933 bis 1945 im Lager von Dachau gelebt und gelitten hatten sowie ihr Leben für die Freiheit ihres Landes und für die Freiheit Europas geopfert haben.

Karl Leisner gehört zu den Opfern des Naziregimes. Aber man kann mit Recht sagen, dass er auch Sieger über dieses Regime war. Zunächst wegen seines Spürsinns: Bereits 1933 notierte er seine Absage an das Naziregime in sein Tagebuch. Außerdem aufgrund seines aktiven Widerstands, als er sich der Einflussnahme des Regimes auf die Gruppen der Katholischen Jugend, für die er verantwortliche war, widersetzte. Mit all seinen Landsleuten, die inhaftiert waren, verkörpert er die Ehre und den Sieg des deutschen Volkes.

Wenn wir heute das außerordentliche Privileg genießen, eine Zeit des Friedens und der Versöhnung in Europa zu erleben, so verdanken wir das Menschen, die in den Lagern die Kraft für gegenseitiges Verzeihen und Versöhnen gefunden haben. Deshalb ist die Weihe ein Symbol für die Versöhnung in Europa. Der Augenblick, in dem der Bischof von Clermont dem deutschen Diakon Karl Leisner im Konzentrationslager die Hände auflegte, während der Krieg noch zwischen dem deutschen und dem französischem Volk wütete, nimmt auf außerordentliche Weise alle Akte gegenseitigen Verzeihens und Versöhnens vorweg, die die Geburt der Europäischen Union seit der Befreiung 1945 ermöglichten.

Die Kirche hat Europa mehrere Patrone geschenkt: Benedikt von Nursia, Cyrill und Methodius, aber auch eine Frau wie Edith Stein. Aber es ist auch angebracht, dass wir Karl Leisner und anderen Menschen unsere Bewunderung und Verehrung entgegenbringen. Bekannt oder unbekannt, sie stehen in einer langen Reihe von Zeugen, die Europa das Kostbarste geben, was es besitzt: eine Seele.

† Hippolyte Simon
Bischof von Clermont

Aus Seeger, Hans-Karl Seeger: Karl Leisner.
Visionär eines geeinten Europas. 2006.
Topos plus Taschenbuch 563, Seite 8 bis 10 (gestrafft).

Karl Leisner: Aus dem Tagebuch – Sonntag, der 29. April 1945

Morgens in der Bettruhe Einschläge schwerer Artillerie in der Nähe. Maschinengewehr- und Gewehrfeuer. Die Nacht zuvor schon gute Schießerei. Große Hoffnung! „Der Tag für Freiheit und für Brot bricht an" – singe ich spaßhaft und doch ernst. Es wird so. Die weiße Fahne auf Kommandantur etc. – Was wird geschehen? Um 17.30 Uhr die ersten amerikanischen Soldaten. (Vorher Gerücht, das Lager sei übergeben.) Riesiger Jubel im Lager, Freudenausbrüche bis an die Grenze des Möglichen. Die amerikanischen Soldaten werden zerdrückt. Polen stürmen Jourhaus, zertrampeln das Hitlerbild, zerschmettern die SS-Gewehre. Eine Stimmung, unbeschreiblich. In zehn Minuten flattern die Fahnen der befreiten Nationen. Herrlich! Ich liege schwer krank da. Höre das alles nur von weitem und vom Erzählen. Ziehe mir die Decke übers Gesicht und weine zehn Minuten vor überwältigender Freude. Endlich frei von der verdammten Nazityrannei! Bis auf zehn Tage waren's fünfeinhalb Jahre hinter Gittern [9. 11. 1939 bis 29. 4. 1945]. Ich bin überglücklich. Heil unseren Befreiern! Die Aufregung auf der Tbc-Station [im Block 13] ist groß. Jeder Halbgesunde rennt ins Lager und erzählt hinterher. Die Turmbesatzungen hatten weiße Fahne gehisst. Trotzdem zieht noch einer seine Browning. Alle werden prompt umgelegt. Das ist Recht!

Die Nacht schießt eine schwere amerikanische Batterie über's Lager weg. SS will das Lager wieder erobern, sagt man. Aber alles geht gut! Deo gratias!

Die SS-Leute haben uns also uns selbst überlassen. Sie haben das Lagertor hinter sich geschlossen und gehen den amerikanischen Truppen entgegen.

Seeger, Hans-Karl (Hg.): Karl Leisner letztes Tagebuch. Zeugnis eines vollendeten Lebens. 2007. Topos plus Taschenbuch 638, Seite 35 bis 36.

Wie kam es zum Konzil?

Aus sorgfältigen Veröffentlichungen vor allem des letzten Jahrzehnts, die auf der Auswertung von veröffentlichten und unveröffentlichten Quellen sowie auf der Befragung von Zeugen beruhen, wissen wir inzwischen Genaueres darüber, wie der Konzilsplan bei Papst Johannes XXIII. reifte, und auch, dass es dazu schon vor seinem Amtsantritt Vorstufen gab, an die er nicht anknüpfte. Aber wie man es auch dreht und wendet, es war dennoch eine fast spontane Idee des Papstes, und ohne sie wäre das Konzil nicht zustande gekommen, schon gar nicht dieses Konzil. Im Gegenteil, zum damaligen Zeitpunkt lag den Männern an der römischen Kurie nichts ferner, und schon gar nicht gab es eine breite innerkirchliche öffentliche Meinung, die so etwas gefordert hätte. Eine fast spontane Idee!

Folgen wir zwei Rückblicken des Papstes in einer Ansprache an Pilger aus Venedig vom 8. Mai 1962 und einer Tagebucheintragung vom 15. September 1962, dann war es sogar eine völlig spontane Idee. Sie sei ihm gekommen in einem mit Recht berühmt gewordenen und später viel diskutierten Gespräch am 20. Januar 1959. An jenem Tag, einem Dienstag, um 9 Uhr, knapp drei Monate nach seiner Wahl, hatte der Papst wie üblich seine Lagebesprechung mit Kardinalstaatssekretär Domenico Tardini. Dieser war zusammen mit Giovanni Battista Montini, dem späteren Papst Paul VI., unter Pius XII. im Rang eines einfachen Prälaten als Unterstaatssekretär tätig. Die beiden machten die gesamte Arbeit als „sostituti“ (etwa: „geschäftsführende Stellvertreter“), denn Pius XII., selber unter Pius XI. Kardinalstaatssekretär, ließ diesen Posten unbesetzt, um selbst alle von diesem Amt zu treffenden Entscheidungen zu fällen. Gegen Ende seines Pontifikates überwarf sich der Papst mit Montini, beförderte ihn, wie das üblich ist, zum Erzbischof von Mailand, erhob ihn aber nicht zum Kardinal. Johannes XXIII. machte Tardini sofort zum Kardinal und ernannte ihn zum Kardinalstaatssekretär mit der vollen Verantwortung dieses Amtes.

Mit Tardini also hatte der Papst an jenem Morgen die routinemäßige Morgenkonferenz. Wie es der Papst später schilderte, besprach man die Lage der Weltkirche. Was Mitglieder und Einfluss angeht, war sie in der Neuzeit nie mächtiger gewesen als unter Pius XII. Aber sie war ein Fremdkörper in einer gewandelten Welt geworden, respektiert, aber unverstanden und ungeliebt. Ein Drittel der Menschheit lebte damals unter bewusst atheistischen Regimes. Die Zahl der praktizierenden Katholiken in den traditionell christlichen Ländern: höchstens 30 Prozent. In Italien, einschließlich Rom (2–3 Prozent praktizierende Katholiken!), und in Frankreich weite Landstriche vollkommen entchristlicht – eine Situation, die in dem berühmten Roman „Tagebuch eines Landpfarrers“ von Georges Bernanos zum damals viel gelesenen Literaturdokument geworden ist. In den Entwicklungsländern gab es eine wachsende Kluft zwischen Klerus und Volk – der entfernte Hintergrund der heutigen „Theologie der Befreiung“. Und auch dort, wo die Kirche nicht verfolgt wurde, wuchs, von der Wissenschaft bis zur Kunst, vom Lebensstil bis zu den ethischen Überzeugungen, eine vom Christentum sich abkehrende Kultur.

Diese Kultur gewann auch in der Kirche an Faszinationskraft. Auch Katholiken wollten, nach zwei Jahrhunderten vergeblicher Abwehr, in Denken und Fühlen moderne Menschen sein dürfen. Darum gab es zwar, anders als etwa im 16. oder 19. Jahrhundert, keine öffentliche Stimmung für ein Konzil in der Kirche – solches hielt eigentlich niemand mehr für möglich –, wohl aber eine Stimmung für Reform, Dezentralisierung, Versöhnung mit einer Welt, gegen die die Kirche lange Zeit zu Unrecht Generalangriffe geführt hatte, Überdruss an einem kirchlichen Druck, der bisher das ganze Leben der Katholiken erfasste. Darüber also sprach man an jenem Morgen. „Plötzlich“, so beschreibt es Johannes 1962, „entsprang in Uns eine Eingebung wie eine

Blume, die in einem unerwarteten Frühling blüht. Unsere Seele wurde von einer großen Idee erleuchtet ... Ein Wort, feierlich und verpflichtend, formte sich auf Unseren Lippen. Unsere Stimme drückte es zum ersten Mal aus – Konzil!"

Wir wissen heute, dass der Papst in dieser Schilderung den Inhalt einer ganzen Reihe von Gesprächen mit seinem Kardinalstaatssekretär, den er ja fast jeden Tag traf, zusammendrängt – aber in dieser Zusammenfassung kommt deutlich ans Licht, welche Absichten und Perspektiven den Papst bei seinem Konzilsplan leiteten: Die Kirche sollte endlich eine helfende Antwort geben auf die Probleme der modernen Welt – und aufhören, sich gegen sie einzuigeln. Auch die Fortsetzung des Berichtes ist, wie wir inzwischen wissen, nicht die reine historische Wahrheit, sondern spricht eher für die taktvolle Großmut des Papstes: „Um die Wahrheit zu sagen, Wir fürchteten, dass Wir Verwirrung, wenn nicht Entsetzen ausgelöst hatten... Aber auf dem Gesicht des Kardinals zeigte sich ein klarer Ausdruck. Seine Zustimmung war unmittelbar und frohlockend, das erste sichere Zeichen des Willens des Herrn."

Das dürfte kaum so gewesen sein. Im Gegenteil, die Historiker sind sich bis heute nicht schlüssig, ob nicht Tardini in der Folgezeit ernsthaft versucht hat, durch eine Art „Dienst nach Vorschrift" die Konzilsvorbereitungen zu verzögern in der Erwartung, ein Tod des Papstes in absehbarer Zeit werde den Plan ohnehin erledigen. Denkbar, sogar sehr wahrscheinlich ist, dass Tardini sofort begriffen hatte, Johannes werde durch nichts mehr von dieser „Eingebung" abzubringen sein, und daraufhin die Flucht nach vorn in seine bekannte knurrende Ergebenheit und korrekte Dienstbereitschaft antrat. Etliche Zeugen berichten von ihm, dass er häufiger augenrollend und stöhnend von „dem da oben" sprach. Das bezog sich auf die Arbeitsräume des Papstes im vierten Stock des Vatikanpalastes, wo der Papst wieder einmal mit seiner unwiderstehlichen Art den Kardinal zu etwas veranlasst hatte, was diesem Unbehagen bereitete.

Der Papst hörte natürlich davon – und erklärte dem Kardinal unter vier Augen: „Caro Tardini, lassen Sie mich eins richtigstellen: ‚Der da oben' ist Gott der Herr über uns alle. Ich bin nur ‚der da oben im vierten Stock'. Bitte, bringen Sie die Rangordnung nicht durcheinander!"

Aus Pesch, Otto Hermann: Das Zweite Vatikanische Konzil.
Vorgeschichte – Verlauf – Ergebnisse – Nachgeschichte.
2. Auflage 2005.
Topos plus Taschenbuch 393, Seite 22 bis 24 (gestrafft).

Romano Guardini

Am 3. Oktober 1968 wurde Guardini in der Ludwigskirche, der er so oft als Priester und Verkündiger gedient hatte, aufgebahrt. Der 4. Oktober versammelte eine übergroße Schar von Leidtragenden um den geliebten Lehrer und Freund. Man konnte an der Vielzahl der Angereisten noch einmal wie in einem Spiegel Guardinis weites Ausgreifen in alle Schichten der Bevölkerung, über die Konfessionen, über soziale Unterschiede hinweg, erkennen. Die Nachrufe waren zahllos und ungewöhnlich – es zeigte sich, dass es kaum möglich war, in einem kurzen Artikel den Reichtum dieser Persönlichkeit und den Reichtum des Geleisteten zu würdigen.

Julius Kardinal Döpfner stellte beim Requiem in der Ludwigskirche das Wirken Guardinis in seiner Ansprache unter den großen Satz des Paulus: „Ich glaubte, darum redete ich" (2 Kor 4,13).

Auf dem kleinen Priesterfriedhof von St. Laurentius, das als Gründung des Oratoriums nicht unzutreffend „Rothenfels in München" genannt wurde und wo Guardini in seinen letzten Jahren manchmal in der Hauskapelle zelebriert hatte, war ihm die letzte Ruhestätte bereitet. Das Grab war von einer Bronzeplatte bedeckt, auf der die selbst entworfene Inschrift stand: „Romano Guardini (1885-1968). Im Glauben an Jesus Christus und seine Kirche, im Vertrauen auf sein gnädiges Gericht." Die sterblichen Reste wurden 1997 in die Universitätskirche St. Ludwig in München umgebettet; die Bronzeplatte deckt das neue Grab immer noch.

Zwei Tage nach der Beerdigung, am 6. Oktober 1968, wurde Guardini in der elften Vollversammlung des „Consilium ad exequendam Const. de S. Liturgia" im Haus S. Marta in der Vatikanstadt geehrt: Zur Eröffnung erhoben sich rund dreißig Kardinäle und Bischöfe mit ebenso vielen Konsultoren zu einem gemeinsamen De profundis. Dies war nur ein kleines Zeichen, wie sehr den Konzilsvätern die überaus große Bedeutung Guardinis bewusst war. So lange Zeit hatte er in der Liturgischen Bewegung die Rolle des Vor-Denkers übernommen, beinahe ebenso lange freilich auch die dazugehörige Einsamkeit. Dass im Konzil die von ihm ausgestreute Saat nunmehr weltweit aufging, war mehr als ein zufälliges Zusammentreffen mit seinem Sterbetag.

Aus Gerl-Falkovitz, Hanna-Barbara: Romano Guardini. Konturen des Lebens und Spuren des Denkens. 2005. Topos plus Taschenbuch 553, Seite 276 bis 278.

Mutter Teresa – ein Beispiel für uns alle

Mutter Teresa war ein Mensch in der Nachfolge Jesu. Sie lebte fundamental und radikal das Christentum; ihr Leben stellte somit gleichsam „gelebtes Evangelium" dar. Für uns ist Mutter Teresa ein Beispiel, wie man notleidenden Menschen in aller Welt helfen kann. Sie fordert uns heraus, selbst das Christentum zu leben. Sie ist wie ein „Wegweiser", der den Einzelnen dazu anregt, auf seine Weise nach dem Evangelium zu leben.

Mutter Teresa fand Menschen, die sich von ihrem Beispiel anstecken ließen. Das sind ihre Schwestern und Brüder, die zum Teil aus angesehenen und wohlhabenden Familien kommen und ihr Leben für Obdachlose, Findelkinder, Aussätzige, Behinderte und Slum-Bewohner opfern. Da sind andere, die für einige Tage, Monate oder gar Jahre Schwerkranke in den Sterbehäusern pflegen. Sogar aus Europa kommen immer wieder Helfer. Doch Europäer nach Indien zu rufen, war nicht das Anliegen Mutter Teresas. Sie wollte die Menschen hellsichtig machen für die Not in ihrer eigenen Umgebung; jeder soll die Brüder und Schwestern sehen, die ihn brauchen, und für ihren stummen Anruf offen werden.

Mutter Teresa formulierte während einer Ansprache anlässlich der Eröffnung eines neuen Schwesternzentrums ihr großes Anliegen an jeden Einzelnen: „Heute liebt Gott die Welt so sehr, dass er euch und mich hingibt, um diese Welt zu lieben, um einen Teil seiner Liebe und seines Mitleids zu sein. Die Überzeugung, dass ihr und ich zuerst einmal in unserem eigenen Zuhause jene Liebe und jenes Mitleid ausüben dürfen, ist ein so schöner Gedanke. Und dann kommt unser unmittelbarer Nachbar dran. Aber kennen wir unseren Nachbarn überhaupt? Kennen wir die Armen in unserer eigenen Umgebung?

Es ist so leicht für uns, in einem fort über die Armen anderer Länder zu plaudern, außerhalb unseres Hauses, und doch haben wir die Leidenden, die Vereinsamten, die Alten, die Unerwünschten, die sich elend Fühlenden unmittelbar bei uns selbst, ohne sie zu kennen, weil wir nicht einmal Zeit aufbringen für ein Lächeln für sie. Als Mitarbeiter Jesu müssen wir zuerst einmal dies lernen. Wir brauchen weder Bomben noch Gewehre, um den Frieden in der Welt zu verwirklichen, wir brauchen nur jene Nächstenliebe und jenes Mitleid, um die wir täglich beten. Verständnisvolle Liebe, das wird Freude und Friede bringen…

Darum erbitte ich mir von euch: Versucht, eure Armen hier zu finden, zuerst in eurem eigenen Heim. Gestattet nicht, dass jemand einsam ist, dass er sich unerwünscht und ungeliebt fühlt, vor allem nicht euer eigener Nachbar. Und wenn es ein Blinder ist, geht zu ihm und lest ihm die Zeitung vor. Besorgt einfach jemand die Kommissionen, die Putzarbeiten. Alles kleine Dinge! Mehr ist nicht nötig."

Mutter Teresa wollte also keineswegs, dass wir in die Slums von Indien gehen, sondern dass wir zunächst bei uns zu Hause, natürlich auf eine ganz andere Art als sie, „für Jesus leben". Jeder Mensch hat von Gott einen anderen Auftrag erhalten. Mutter Teresa wirkte bei den Ärmsten der Armen, unsere Aufgabe ist es, eine Welt in Freude und Frieden um uns herum zu schaffen. Mit Mutter Teresas Worten: „Was Sie tun, kann ich nicht tun; und was ich tue, können Sie nicht tun. Aber wir alle tun, was Gott uns zu tun aufgetragen hat. Wir vergessen es nur manchmal und verbringen mehr Zeit damit, auf jemand anderen zu schauen und zu wünschen, etwas anderes zu tun."

Kaum eine Persönlichkeit verkörperte – gerade für junge Menschen – so glaubwürdig wie Mutter Teresa das christliche Gebot der Liebe zu den „Geringsten unter den Brüdern".

Mutter Teresas Beispiel animiert viele Menschen zu einem ernsthaften Leben christlicher Nächstenliebe. Neben all der materiellen Hilfe, die großzügig für die Armen geleistet wird, sind aber sicherlich auch die seelischen Impulse in unserer materialistischen Zeit von besonderer Bedeutung. Eines der Lebensmottos Mutter Teresas war: „Das Gestern ist vergangen, das Morgen wird vielleicht nie kommen, das Heute ist wichtig!" Vielleicht kann ihr Vorbild Menschen dazu anregen, die Gegenwart intensiver mit Christus und den Mitmenschen zu leben und somit die Welt im Kleinen auch ein Stück zu verbessern.

Wir können nicht alle unser Leben so in den Dienst selbstloser Liebe stellen wie Mutter Teresa. Was wir aber können, ist, nach unseren Möglichkeiten in ihren Spuren zu gehen. Eine „einfache" Anleitung dazu – und diese ist schon ziemlich „schwierig“ – gibt uns Mutter Teresa mit auf unseren Lebens- und Liebesweg.

Aus Kornprobst, Roswitha: Mutter Teresa.
Zeichen der Hoffnung. 2007.
Topos plus Taschenbuch 621, Seite 103 bis 106 (gestrafft).

Maximilian Liebmann: Pontifex Austriacus – Franz Kardinal König

Nach Kardinal Theodor Innitzers Ableben am 9. Oktober 1955 war der Wiener Erzbischofsstuhl neu zu besetzen, und Rom erfüllte den Wunsch der österreichischen Bundesregierung. Papst Pius XII. ernannte den St. Pöltener Bischof-Koadjutor Franz König am 10. Mai 1956 zum Wiener Erzbischof. Papst Johannes XXIII. ernannte ihn am 15. Dezember 1958 zum Kardinal.

Als das II. Vatikanum vor der Türe stand, wurde König 1962 in die zentrale Vorbereitungskommission nominiert. Als seinen speziellen theologischen Berater erkor er den kurz zuvor von der römischen Kurie gemaßregelten Jesuiten Karl Rahner. König wurde vom Konzil geprägt und hat es mitgeprägt, wobei er bei einigen Texten Wesentliches einbrachte. Bei der Erklärung über die Religionsfreiheit wusste sich der Religionswissenschafter König besonders gefordert, analog zur Erklärung über das Verhältnis der Kirche zu den nichtchristlichen Religionen. Des weiteren engagierte er sich beim Ökumenismus, dem neuen Verständnis der Offenbarung und beim Verhältnis zum Judentum.

Als Frucht seiner Konzilserfahrungen kann seine Gründung der Stiftung „Pro Oriente“ noch vor dem Ende des Konzils 1964 gelten. Gleiches trifft für seine Übernahme der Präsidentschaft des neuen vatikanischen Sekretariates für die Nichtglaubenden 1965 zu. Zur selben Zeit ist er mit seinem Vortrag an der Al-Ahzar-Universität in Kairo Brückenbauer zum Islam und in den Religionsgesprächen in Bombay zu anderen nicht christlichen Religionen. „Trotz oder gerade wegen seiner hohen Intellektualität war Kardinal König kein Theoretiker, sondern ein Praktiker der Ökumene", urteilt sein ehemaliger Sekretär Walter Kirchschläger, dessen Vater als Bundespräsident Kardinal König 1985 den treffenden Ehrentitel „Pontifex Austriacus" gegeben hatte. Nicht als großer Theoretiker, sondern als Praktiker der Pastoral erwies sich König auch 1968 bei der „Maria-Troster-Erklärung", welche die Enzyklika Humanae vitae von Papst Paul VI. mit dem Hinweis auf das individuelle Gewissen im ganz konkreten, persönlichen Bereich des Lebensvollzuges befreiend interpretierte.

Kardinal gehörte zu jenen Bischöfen, die 1980 meinten, die Kirche möge zur Lösung der exorbitant ausgebrochenen Ehenot die einst mit der Orthodoxie gemeinsame Praxis der Oikonomie wieder aufleben lassen und Geschiedenen die kirchliche Wiederverheiratung ermöglichen.

Der heilige Stuhl, der sehr bald die hohe Begabung und die diplomatischen Fähigkeiten Königs erkannt hatte, erteilte ihm schwierige und schwierigste Aufträge in den einst kommunistischen Ländern des so genannten Ostblocks. Zu den schwierigsten zählte 1963 der Auftrag von Papst Johannes XXIII., den ungarischen Primas Kardinal József Mindszenty, der nach der blutigen Niederschlagung des Ungarnaufstandes 1956 in die US-Botschaft geflüchtet war, zum Verlassen Ungarns zu bewegen.

1991 war Kardinal König seinem Kardinalskollegen Joseph Ratzinger, dem Präfekten der römischen Glaubenskongregation, in einem offenen, weltweit beachteten Glaubensgespräch, die Kollegialität der Bischöfe betreffend, entgegen getreten, nicht als weltferner Theoretiker, sondern als Praktiker der Kirche und ihrer Struktur: „Die Kirche selbst muss noch einen Lernprozess durchmachen. Sie muss den Eindruck vermeiden, der immer wieder entsteht, dass nämlich die römische Kurie alles dirigieren und beherrschen will. Die Kollegialität der Bischöfe, die ja seit dem Konzil eine wichtige Funktion hat, funktioniert nicht richtig. Und die Bischofssynoden sind da eher eine Ersatzlösung ..."

Aus Franz Kardinal König. Unterwegs mit den Menschen. Vom Wissen zum Glauben. Hg. von Annemarie Fenzl und Reginald Földy. Mit einem Nachruf auf Kardinal König von Maximilian Liebmann. 2004. Topos plus Taschenbuch 546, Seite 311 bis 319 (auszugsweise aus dem Nachruf von Maximilian Liebmann).

Die Päpste Benedikt XIV. und Benedikt XV.

Benedikt XIV. wurde am 31. März 1675 in Bologna als Prospero Lambertini geboren. Nach verschiedenen kurialen Diensten wurde er 1728 Kardinal und 1731 Erzbischof von Bologna. Am 17. Juli 1740 wurde er zum Papst gewählt. Er war ohne Zweifel einer der berühmtesten, sympathischsten und gelehrtesten Päpste aller Zeiten, besaß eine ausgeprägte Persönlichkeit, war geistreich und humorvoll, frei von jeder Enge und Eitelkeit, unempfindlich gegenüber Schmeicheleien und Kränkungen. Bei manchem haben seine Redseligkeit, seine Ironie und bisweilen seine derben Witze auch Kritik und Ärgernis aufkommen lassen. Den Jesuiten stand er kritisch gegenüber, zu deren Ordensgeneral bemerkte er einmal: „Es ist ein Glaubensartikel, dass ich einen Nachfolger haben werde, aber von Ihnen lässt sich das nicht sagen." Zu seinem Arzt Ponzio sagte er einmal scherzend: „Der Herr ist an Pilatus gestorben, ich werde wohl an Pontius sterben."

Dem Staatskirchentum des fürstlichen Absolutismus gegenüber ließ er sich von einer Politik der Mäßigung leiten, und auch im innerkirchlichen Bereich war sein Pontifikat fruchtbar. Er bemühte sich um eine Reform der Kurie, des Finanzwesens und des Breviers, bestätigte die Ordensgemeinschaft der Passionisten und der Redemptoristen und schränkte die große Zahl der Feiertage ein. Rom machte er zum Zentrum gelehrter Studien und gründete vier wissenschaftliche Akademien. Er war auch ein großer Förderer der Kunst. In seinem Auftrag erhielt die Basilika S. Maria Maggiore die heutige Fassade und das Kolosseum schützte er vor weiterem Raubbau.

Die Geschichtsschreibung hat Benedikt XIV. allgemein sehr positiv beurteilt. Leopold von Ranke war voll des Lobes über das päpstliche Streben nach friedlicher Koexistenz von Kirche und Staat, und der englische Historiker Thomas Macaulay (+ 1859) nannte Benedikt XIV. sogar den besten und weisesten unter den Nachfolgern Petri. Er starb am 3. Mai 1758 und wurde in St. Peter, Rom, beigesetzt.

Benedikt XV. wurde am 21. November 1854 in Genua als Giacomo della Chiesa geboren. Er absolvierte in Genua seine Jurastudien und kam als Schützling Kardinal Rampollas an die spanische Nuntiatur. Als dieser 1887 Staatssekretär wurde, war Della Chiesa sein engster Mitarbeiter. Der neue Geist, der unter Pius X. zu wehen begann, war mit der Präsenz Della Chiesas im Vatikan, dessen Ansichten stark von denen Pius´ X. abwichen, nicht mehr vereinbar. Daher wurde er 1907 zum Erzbischof von Bologna ernannt. Obwohl Bologna Kardinalssitz war, musste Della Chiesa bis 1914 auf den roten Hut warten.

Er war klein von Statur und etwas verwachsen, er besaß jedoch einen wachen und vor allem aufgeschlossenen Geist. Der spätere Kardinal Domenico Tardini schrieb: „Er war klein von Gestalt war, aber überragend an Geist und Herz". Am 3. September 1914 wurde er zum Papst gewählt. Dass er 1914 Pietro Gasparri zum Staatssekretär ernannte, bestätigte, dass er der Linie Leos XIII. treu geblieben ist.

Schon mit seinen ersten Äußerungen wandte sich Benedikt XV. gegen die Ketzerriecherei und Hexenjagd, die mit der Modernistenbekämpfung unter Pius X. erfolgt war. Der berüchtigte Msgr. Benigni, das Haupt der Integralisten, musste Rom verlassen. Im Ersten Weltkrieg, der an Schrecken und Leid alle vorangegangenen Konflikte in den Schatten stellte, verhielt sich der Papst strikt neutral. Dies hinderte ihn aber nicht, sich mit Friedensappellen an die kriegführenden Nationen zu wenden. Mit der berühmten Friedensnote vom 1. August 1917 unterbreitete er ganz konkrete Vorschläge, wie man zu einem dauerhaften Frieden gelangen könnte. Der Aufruf blieb aber ohne Erfolg.

Nach dem Krieg bemühte sich Benedikt XV. mit Erfolg um gute Beziehungen zu den einzelnen Staaten. So konnte 1920 eine Nuntiatur in Berlin errichtet werden. Frankreich ernannte 1921 wieder einen Botschafter beim Heiligen Stuhl. Auch die Beziehungen zu Italien verbesserten sich. Mit Duldung des Papstes konnte 1919 der sizilianische Priester Don Luigi Sturzo eine italienische Volkspartei gründen. Dieser Partito Popolare Italiano erzielte bei den Wahlen beachtliche Erfolge und ermöglichte so eine stärkere Präsenz der Katholiken im öffentlichen Leben. Damit war das Verbot der Wahlbeteiligung für Katholiken, das Non expedit von 1868, das schon Pius X. gelockert hatte, ganz aufgegeben worden.

Ganz besonders lagen Benedikt XV. die Missionen am Herzen, die durch den Krieg stark gelitten hatten. Mit der Enzyklika Maximum illud von 1919 wurde dem nationalistischen und kolonialistischen Missionsstil eine Absage erteilt, weil der Papst besonders die Katholizität der Kirche betonte. Durch sein kluges, aber sachliches Vorgehen hat Benedikt XV. das Ansehen des Heiligen Stuhles und der Kirche weltweit gehoben. Er starb am 22. Januar 1922 und wurde in St. Peter, Rom, beigesetzt.

Aus Gelmi, Josef: Die Päpste in Kurzbiographien.
Von Petrus bis Benedikt XVI.
2. ergänzte Auflage 2005. Topos plus Taschenbuch 552,
Seite 126 bis 128 und 143 bis 144 (gestrafft).

Die Macht der Päpste

Das Papsttum ist die einzige europäische Institution, die von der Spätantike bis zur Gegenwart besteht und die als solche erheblich zur Ausformung jener Synthesen aus Antike, Christentum und Humanismus beigetragen hat, auf denen Europas Kultur beruht. Seit dem 12./13. Jahrhundert war das Papsttum immer mächtiger geworden, musste aber im späten Mittelalter und in der Reformationszeit erhebliche Einbußen seiner Macht hinnehmen. Das neuzeitliche Papsttum war und ist darum konsequent bemüht, den verbliebenen Rest enger an sich zu binden und seine nicht in der ursprünglichen Kirchenverfassung angelegte Macht über die Kirche zu jener Fülle auszubauen, welche die Gegenwart charakterisiert.

Es hat sodann wesentlich dazu beigetragen, dass die katholische Kirche ihre prinzipielle Unabhängigkeit von politischen Gewalten und auch in der Epoche der Nationalismen ihre Internationalität und darüber ihre Weltgeltung bewahrt. Es hat auch dazu beigetragen, dass die katholische Kirche gegenüber den Totalitarismen des 20. Jahrhunderts klarer Stellung bezogen hat, als ihr in heutigen Diskussionen von unhistorisch urteilenden Kritikern nachgesagt wird.

Aber die Konzentration kirchlicher Macht bei den Päpsten, welche erst im 19. und 20. Jahrhundert gelungen ist, hat auch zu einer Uniformierung geführt, die in Anbetracht der ganzen Kirchengeschichte nicht unumstritten ist noch sein kann. Je größer die Macht der Päpste wurde, desto geringer die Freiheit in der Kirche. Aber erst rund 140 Jahre lang gilt das auf dem Ersten Vatikanischen Konzil (1869/70) durchgesetzte Dogma von der Unfehlbarkeit und vom Universalepiskopat der römischen Päpste. Es war der vorläufige Abschluss einer ganzen Serie päpstlicher Dokumente, welche mit autoritärer Defensive auf Aufklärung, Französische Revolution und Liberalismus reagierten.

Die alte Vorstellung von der Unfehlbarkeit der Gesamtkirche und des auf Konzilien versammelten Gesamtepiskopats trat seit 1870 mehr und mehr in den Hintergrund; es begann ein Jahrhundert päpstlicher Autokratie. Auch für ihr in den Enzykliken ausgeübtes „ordentliches" Lehramt (welches ebenfalls 1870 bekräftigt worden war) haben die Päpste Gehorsam gefordert, am konsequentesten Pius XII. in der Enzyklika Humani Generis (1950), und dann wieder Johannes Paul II. im neuen Codex Iuris Canonici (1983), der so zentralistisch formuliert wurde, wie nach dem Zweiten Vatikanischen Konzil nur möglich war und dem Papst, d. h. seiner Kurie, sogar das Recht der Verfügung über alle finanziellen Kirchengüter verschafft hat. Diese päpstliche Autokratie hat auch den Abstand zu den anderen christlichen Konfessionen unnötig vergrößert.

Doch hatte Johannes XXIII. (1958-1963) jene konziliare Wende heraufgeführt, welche im Inneren der Kirche eine christologische Konzentration bewirken und alte Gleichgewichte wiederherstellen, nach außen die Abgrenzung durch den Dialog ersetzen und insgesamt der katholischen Kirche einen freieren und offeneren, Charakter geben sollte. Kollegiale Organe wie die Bichofskonferenzen wurden aufgewertet und traten seitdem selbstbewusster auf; und ebenso die Laien, denn in seiner dogmatischen Konstitution über die Kirche hatte das Konzil erstmals deren eigenständigen Auftrag und die elementare Gleichheit aller Getauften anerkannt. Reformistische Strömungen innerhalb der katholischen Kirche, die es seit langem gab, wurden durch das Zweite Vatikanische Konzil, zum ersten Mal nach den Reformkonzilien des 15. Jahrhunderts, gesamtkirchlich rezipiert!

Mit der Rück-Entwicklung der konziliaren Kirche Johannes' XIII. zur Papstkirche hatte schon dessen Nachfolger Paul VI. begonnen. Aber er, der wohl nach Benedikt XV. der einzige Papst mit positiver Beziehung zur kulturellen Moderne war, hatte dabei Grundanliegen des Konzils respektiert und vorsichtig gehandelt, Dissidenten angehört, zudem vielen Priestern, welche die Zölibatspflichten für zu schwer hielten, Dispens davon erteilt.

JUSTINI FEBRONII JCti
DE
STATU ECCLESIÆ
ET
LEGITIMA POTESTATE
ROMANI PONTIFICIS
LIBER SINGULARIS,
AD
REUNIENDOS DISSIDENTES
IN RELIGIONE CHRISTIANOS
COMPOSITUS.

BULLIONI
APUD GUILLELMUM EVRARDI.
MDCCLXIII.

Titelblatt des Werkes des Trierer Weihbischofs Nikolaus von Hontheim unter dem Pseudonym Justinus Febronius „De statu ecclesiae et legitima potestate Romani pontificis". Verlagsarchiv.

Johannes Paul II. dagegen hat in seinem langen Pontifikat (1978-2005), seit 1982 autoritativ unterstützt durch Kardinal Joseph Ratzinger als Präfekt der Glaubenskongregation, die päpstliche Kirchenregierung und Allein-Kompetenz zur Interpretation von Glaubens- und Sittenlehren wieder unbedingt durchgesetzt, zudem die Ambivalenz von Absolutismus in der Kirche und Dialogfähigkeit nach außen bewiesen. Der erneuerte Zentralismus ist sodann durch robuste Personalpolitik untermauert worden: Treue Gefolgsleute wurden auf hohe Posten berufen, Kritiker aus dem Inneren der Kirche systematisch von mitentscheidenden Stellungen ausgeschlossen. Man beharrt auch auf einem päpstlichen Interpretationsmonopol im Stil der Gegenreformation und tut so, als ob dieses stets bestanden hätte.

Die meisten Reformer, welche die Kirchengeschichte hervorgebracht hat, dachten dagegen historisch und wollten sich am frühen ungeteilten Christentum orientieren. „Olim non erat sic", hat einer der bedeutendsten von ihnen, der Trierer Weihbischof Johann Nikolaus von Hontheim (1701-1790, nach dem Pseudonym seines Hauptwerkes „Febronius" genannt), den Kurialisten seiner Zeit entgegen gehalten: „Einstmals war es nicht so" (wie heute). Ähnlich wie Hontheim hatten auch Frankreichs „gallikanische" Bischöfe und Theologen sowie die infolge der Reichskirchenverfassung mächtigen deutschen Erzbischöfe des 18. Jahrhunderts und die höchst effizienten Reformer um die Kaiserin Maria Theresia und deren Sohn Kaiser Josef II. argumentiert. Erst nach der Zerstörung tausendjähriger pluralistischer Strukturen durch die Säkularisation konnten die Päpste mit Hilfe zentralistisch gesinnter Regierungen den Aufbau einer neuen, ganz auf Rom zentrierten Kirchenorganisation beginnen.

In der heutigen Kirche und in der sie begleitenden Publizistik erinnert kaum noch jemand an diese Geschichte. Zwar wird sie beschworen, aber in Wirklichkeit auf die des letzten, langen Pontifikats reduziert, und das hat sich gerade anlässlich des Todes Johannes Pauls II. und der Wahl Benedikts XVI. gezeigt.

Das große Ansehen, welches sich Johannes Paul II. durch seine weltweite Präsenz und seine Mitwirkung an der Aushöhlung der kommunistischen Diktaturen, durch seine Authentizität und seinen Einsatz für Frieden und Gerechtigkeit erworben hatte, führte nämlich dazu, dass die Kirche, ja geradezu das ganze Christentum im Papsttum und in diesem Papst wahrgenommen und gewürdigt wurde.

Die Hintergründe, unter denen in den beiden letzten Jahrhunderten die päpstliche Macht so sehr gesteigert worden ist, sind großenteils entfallen; müssen die Konsequenzen festgehalten werden? Tut es der Weltpräsenz der katholischen Kirche gut, dass sie sich 40 Jahre nach dem Ende des Zweiten Vatikanischen Konzils erneut als Papstkirche im Stil von 1870 oder 1917 präsentiert? Erweckt nicht die neuartige Breite diplomatischer Präsenz des Vatikans den Eindruck neuen Machtstrebens? Widerspricht es nicht der historischen Katholizität und konkreten Anregungen des Konzils, dass die allermeisten Ortskirchen keinen Einfluss auf die Auswahl ihrer Bischöfe haben, dass diese vielmehr von vatikanischen Funktionären vorgenommen wird?

Aus Lill, Rudolf: Die Macht der Päpste. 2006.
Topos plus Taschenbuch 603, Seite 10 bis 31 (auszugsweise).

Wenn die Jahre sich neigen – Über Tod und Jenseits, Trost und Trauer

Übergänge

Visionya ist ein Land, das einige Menschen schon kennen, das sie aber nur in ihren Träumen betreten dürfen. Es ist kein Schlaraffenland, alle Freuden und Leiden, die die Menschen bei uns haben, sind auch dort anzutreffen.

Nur ein Problem haben sie nicht, und dadurch verändert sich viel in ihrem Leben. Für sie sind das Sterben und der Tod nicht eine solche Katastrophe wie für die meisten Menschen hier in unserem Land, und so haben sie viel weniger Angst als wir und leben viel unbeschwerter. Das hat mancherlei Gründe und sicher auch in jenem Land eine lange Tradition.

Der Tod heißt dort nicht Tod, sondern Vitalio, und die Leute in Visionya betonen das O, und so klingt das Wort wie eine sanfte Melodie. Ihre Vorstellung, also ihr inneres Bild von Vitalio, ist von ganz besonderer Art. Er ist kein Schnitter, kein Sensenmann, auch kein Gevatter, er ist überhaupt kein Mann; eher ein besonderes Wesen, eine Gestalt in weißem Gewand, kein grelles Weiß, eher eine Farbe wie ungebleichtes Linnen, ein wenig gelb. Vitalio trägt in ihrer Phantasie eine Kapuze, die das Gesicht fast bedeckt, so dass man gar nicht weiß, ob Mann oder Frau oder beides zugleich.

Vitalio bewegt sich bedächtig, weder schwerfällig noch forsch. Das wirkt sehr beruhigend, und wenn die Menschen an Vitalio denken, haben sie wirklich keine Angst, eher einen großen Respekt, man könnte es sogar Hochachtung nennen. Und die gebietet ja einen gewissen Ernst, auch eine Scheu vielleicht, aber ganz sicher das was man Ehrfurcht nennt, bei uns.

Die Menschen in Visionya sind mit Vitalio vertraut, von Kindesbeinen an, denn sie tragen tief in ihrem Innern eine besondere Uhr, sie tickt und tickt und manchmal schlägt sie auch, Bong, Bong – dann ist irgend etwas geschehen, das vom Menschen nicht überhört werden darf, und dann muss er eine Weile stehen bleiben und still sein und auf den Glockenschlag horchen, der von seiner Uhr kommt.

Wenn die Menschen in Visionya etwa fünf oder sieben Jahre alt sind – es ist die Zeit, wenn die Kinder in unserem Land in die Schule gehen müssen – beginnen sie auf die Uhr zu achten. Man muss es ihnen gar nicht sagen, sie lernen es aus sich. Sie legen ihre Hände auf den Leib oder auf die Brust, und wenn sie still sind, hören sie die Uhr. Sie tickt und sagt ihnen ohne Worte, wie lange sie noch leben werden, nicht auf den Tag genau, nicht mal auf das Jahr genau, aber sie hält sie auf dem Laufende und gibt zu verstehen, früher oder später, jetzt oder gleich, heute oder übermorgen wirst du sterben.

„Ach ja," sagen sie dann, „Ich weiß, ich weiß, aber jetzt lebe ich noch ein bisschen."

Wenn es dann so weit ist, eines Tages, tickt die Uhr so, dass es auf keinen Fall zu überhören wäre, und auch die Menschen, mit denen man zusammen lebt oder die man gern hat, hören das BONG – BONG, den inneren Glockenschlag, unüberhörbar. Sie legen ihre Hände oder auch den Kopf auf die Brust oder den Leib des desjenigen, dessen Uhr bald still stehen wird, und wissen, jetzt kommt Vitalio.

Sie werden alle ein bisschen traurig, weil das Leben sich nun verändern wird: ein lieber Mensch wird bald sterben und keiner weiß genau, wo und wie man ihn später wiedersehen wird. Das weiß nur Vitalio.

Wenn er anklopft, öffnet man ihm ehrerbietig die Tür. Er tritt leise ein, streicht allen, die anwesend sind, zart und behutsam über die Wangen, wischt ihnen die Tränen ab, wenn sie weinen, und dann küsst er denjenigen, der sterben muss und dessen Uhr nur noch ganz leise und stockend tickt, liebevoll auf den Mund.

Die Menschen in Visionya wissen sehr wohl, in einem anderen Haus ist gerade ein Kind geboren, und dort tickt wieder eine Uhr, ob es dieselbe ist, die soeben still stand, weiß niemand. Aber es tröstet sie sehr, dass das Leben nicht stirbt, dass immer, wenn eine Uhr aufhört, eine andere, vielleicht die gleiche, zu ticken beginnt. Das macht ihnen das Abschiednehmen leichter, und es bereitet sie auf das eigene Abschiednehmen–müssen vor. Sie spüren auch, dass Vitalio nicht grausam ist, sondern sorgsam, sie fühlen, dass Leben und Sterben zusammen gehören wie Tag und Nacht oder wie Ebbe und Flut.

Wir leben hier, bei uns, weit von Visionya entfernt. Nur in unseren Träumen können wir das ferne Land betreten. Wir können nachts oder wenn wir allein sind und um uns alles still ist, die Hände auf unseren Leib legen oder auf die Brust und spüren, wie die Uhr tickt. Vielleicht können wir sogar mal den Glockenschlag hören. Und im Traum sehen wir Vitalio, wie er im Türrahmen steht oder an unserem Bett, sanft und freundlich, im hellen Gewand mit dem weiten Umhang, blau, wie ein Sommerhimmel, wenn die Nacht sinkt.

Im Wachwerden haben wir keine Angst und sagen uns: „Ich weiß, ich weiß, aber jetzt lebe ich noch ein bisschen."

Aus Strätling-Tölle, Helga:
Übergänge. Geschichten vom Leben und Sterben. 2000.
Topos plus Taschenbuch 346, Seite 140 bis 142 (gestrafft).

Tod und jenseits des Todes

Tod leitet sich von einem gemeingermanischen Wort für „bewusstlos werden, dahinschwinden" (vgl. Dunst) ab und bezeichnet das unumkehrbare Erlöschen der Lebensäußerungen eines Organismus, als natürliches Ereignis biologisch letztlich verursacht durch das Aufhören der Zellteilungsprozesse (Altern), als unnatürlicher Zwischenfall bedingt durch Krankheit oder Unfall.

Medizinisch wird unterschieden der klinische Tod als Eintritt von Herz- und Atmungsstillstand vom biologischen Tod als endgültiger Ausfall aller Gehirnfunktionen (Hirntod). Bereits im zweiten Fall ist vom Tod des Menschen zu sprechen: Daher können nach heutiger Ansicht Organe eines Hirntoten transplantiert werden.

Juristisch endet mit dem Tod die Rechtsfähigkeit eines Menschen: Das Vermögen geht, von gewissen Ausnahmen abgesehen, auf die Erben über.

Philosophisch gesehen steht der Tod im Hintergrund jedes Lebens, sofern er als dessen Ende dessen unaufgebbarer und unverdrängbarer Bestandteil ist. Der Mensch weiß als einziges bekanntes Lebewesen um diese Tatsache und ist daher aufgerufen, sich mit ihr auseinanderzusetzen, um seinem Leben Tiefe, Richtung und Sinnhaftigkeit zu geben.

Religiös ist der Tod ein Grundmotiv der menschheitlichen Zuwendung zur Transzendenz. Schon in der Altsteinzeit begegnen wir Spuren von Bestattungsriten, die nahe legen, dass man damals schon wie später in fast allen religiös begründeten Weltanschauungssystemen an ein Weiterleben nach dem Tode glaubte.

In der christlichen Theologie wird der Tod im Zusammenhang mit der Sünde des Menschen gesehen, die durch die Auferstehung Jesu Christi überwunden wurde: Seitdem hat auch der Tod seine All-Macht und Unüberwindlichkeit verloren. In der gläubigen Übernahme des Lebens- und Todesschicksals Jesu Christi erschließt sich dem Christen die Möglichkeit der Bewältigung des Todes, sei es im Blick auf sich selbst wie auf seine Mit-Menschen.

Die Christen bekennen sich auf der Basis des Osterglaubens zu einem Jenseits des Todes, das die Auferstehung der

Toten, deren Gericht entsprechend ihrer freien Verwirklichung des Ethos zu Lebzeiten, gegebenenfalls die Läuterung (Purgatorium) in der Liebe sowie die Möglichkeit definitiver Rückweisung Gottes (Hölle) und die Verheißung vollendeter Gottesgemeinschaft für immer (Himmel) umfasst. Während die römisch-katholische Eschatologie ein Weiterleben des Subjektes Mensch in irgendeiner Weise betont, neigen viele evangelisch-lutherische Theologen dazu, einen Ganztod des Menschen anzunehmen, der erst am Jüngsten Tag wieder von Gott neugeschaffen werde, in dessen Treue allein er bis dahin geborgen sei. Die evangelische Theologie und die Orthodoxie des Ostens lehnen die katholische Lehre vom Purgatorium (aus unterschiedlichen Gründen) ab. Aus der Eschatologie gewinnt die christliche Botschaft die Dimension der Hoffnung, aus der der Einzelne angesichts des unausweichlichen Todes Gelassenheit, ja sogar Freude schöpfen kann.

Aus Beinert, Wolfgang: Tod und jenseits des Todes. 2000. Topos plus Taschenbuch, Band 355, Seite 136 bis 137.

Wie viel Himmel braucht der Mensch

Viele möchten diese uralte Frage der Menschheit nicht einfach wegwerfen. Deswegen schauen sie vermehrt auf fremde Kulturen und darauf, wie diese mit dem Tod ihrer Mitmenschen umgehen. Dabei kommen viele Deutungen ins Blickfeld, die von einem Fortleben der Seelenkraft nach dem Tod des Körpers sprechen. Diese individuelle Kraft lebt in einem Land der Ahnen fort, auf einer Insel der Seligen, oder in der göttlichen Welt. Oder sie wird in mehreren Leben wiedergeboren, um dann in die schöpferische Leere des Kosmos einzugehen.

Wo vom Himmel die Rede ist, kommt jedoch auch die Hölle ins Blickfeld. Gibt es den Ort oder den Zustand, wo

Menschen nach ihrem Tod für ihre Übeltaten und Verbrechen bestraft werden? Haben wir eine letzte Verantwortung für unsere Taten und Untaten? Oder bleiben selbst die größten Verbrecher der Menschheit ohne Strafe? Ist ohne ein göttliches Gericht eine ausgleichende Gerechtigkeit unter uns Menschen überhaupt denkbar? Und woher stammt die ungeheure Dynamik des Bösen unter uns Menschen, wenn der göttliche Schöpfer in seinem Wesen gut und zu allem mächtig ist? Hat es einen Sinn, an einen persönlichen Teufel zu glauben, um die unheimlichen Zerstörungskräfte unter uns Menschen erklären zu können?

Religionsforscher erinnern uns daran, dass die Urbilder der Religion mit unseren biologischen Strukturen zusammenhängen und uns Überlebensvorteile bringen. Außerdem speichern diese Bilder die Lebenserfahrungen vieler Generationen der Menschheit. Wir finden sie daher kulturübergreifend. Sie sollen nicht einfach über Bord geworfen oder entsorgt werden, vielmehr soll ihren ursprünglichen Intentionen nachgespürt werden.

Seit die moderne Physik einer rein materialistischen Weltdeutung den Boden entzogen hat – das ist seit ungefähr 100 Jahren der Fall, nämlich seit den Anfangen der Quantenphysik – , kann nicht mehr ohne weiteres behauptet werden, die menschliche „Seele“ sei nichts weiter als ein Bündel von biologischen Funktionen des menschlichen Körpers. Denn wenn sich am Anfang des Kosmosprozesses zentrierte Energie in Materie und in Antimaterie verwandelt hat, und wenn Materie fortan nur ein Komplementärphänomen von Energie ist, dann kann nicht länger im Ernst behauptet werden, dass nur Materielles und Körperliches real existieren.

Mit diesen Einsichten öffnet sich erneut ein breites Fenster für die Bilderwelten der Religionen. Es ist ungleich plausibler, an einen göttlichen Schöpfer des Kosmosprozesses zu glauben, als an ein angebliches Gesetz des „Zufalls“ oder der Selbstorganisation der Materie. Denn aus Nichts wird nichts, auch nach allen bekannten Gesetzen der Physik. Von daher wird es möglich, die menschlichen Seelenkräfte als geformte Energiefelder zu verstehen, die auch nach dem Tod des Körpers ihre Spuren im Kosmos und in der göttlichen Welt hinterlassen.

Eine lebendige und veränderte Spiritualität des Himmels, die auch Sinnlichkeit und erotisches Erleben nicht ausklammert, ist auch heute möglich. Dann wird es plausibel, die alten Urbilder der Religion wieder mit Leben zu füllen, allerdings auf der Basis neuer wissenschaftlicher Erkenntnis und stark veränderter Lebenseinstellungen. Der Himmel bleibt in unserem Blickfeld. Vermutlich brauchen alle Menschen in irgendeiner Form ihren „Himmel" für ihr Leben und das sinnvolle Überleben.

Aus Grabner-Haider, Anton: Wie viel Himmel braucht der Mensch. Mit einem Beitrag von Hildegunde Wöller. 2004. Topos plus Taschenbuch 537, Seite 7 bis 9 (gestrafft).

Mit Märchen trauern lernen

Wir lernen lesen, rechnen, schreiben und vieles andere. Manches davon werden wir im späteren Leben nicht brauchen. Was wir nicht lernen ist sterben und trauern – das Einzige, womit jeder von uns ganz sicher konfrontiert wird! Dabei gibt es so viele Tode in unserem Leben, die betrauert werden möchten, damit sie sich zu Neuem verwandeln können, fruchtbar werden: die Trauer um einen geliebten Menschen, um Gesundheit, Heimat, einen Beruf. Jeder Wechsel von Lebensstufen ist ein Tod. Unsere Vorfahren hatten Einweihungen, Rituale. Sitten und Erzählungen, mit denen sie Sterben in ihren Alltag einbezogen. Im Einklang mit der Natur waren sie dem ständigen Sterben und Geboren-Werden ausgesetzt. Sie lebten mit dem Kreislauf der Natur: Freude und Trauer im Bewusstsein, dass der Mensch den gleichen Gesetzen unterliegt. Es ist eine Erfahrung, die der modernen Zeit fehlt.

Wir können um vieles trauern, wir können so vieles verlieren – Pubertät und Midlife-Krise sind beispielhaft für diese Problematik. Doch Tod ist zum Tabu geworden; kommt er auch nur in unsere Nähe, wissen wir nicht mit ihm umzugehen – wir haben es nicht gelernt. Wir haben Angst, mit anderen zu weinen. „Das wird schon wieder", „Es geht vorbei" – Floskeln, die ungewollt verletzen und doch nur Ausdruck von Hilflosigkeit sind. Die Isolation Sterbender und Trauernder wird so schmerzhaft empfunden, dass endlich eine Gegenbewegung aufkommt. Die Fähigkeit, andere in ihrer Trauer zu begleiten, ist eng damit verbunden, eigene Trauer zu leben. Beides ist unzertrennlich. Eigene Trauerprozesse zu unterdrücken fordert enorme Kräfte, sodass wir uns mit Hospiz- und Trauerbegleitung überfordern. Es kommt zum Zusammenbruch, dem so genannten Helfer- oder Erschöpfungssyndrom.

Märchen öffnen Tore zu unserer Unterwelt, die sonst niemand zu öffnen vermag. Trauer ist ein Zustand der Ohnmacht und Hoffnungslosigkeit. Märchen sind getragen von der Hoffnung auf Veränderung und Verwandlung und von dem Bewusstsein, dass jeder Mensch Selbstheilungskräfte besitzt, die nur gesucht werden müssen. Unter Selbstheilungskräften verstehe ich nicht nur das körperliche Gesund-Werden, vielmehr den Zustand unserer Seele, trotz Krankheit und Tod Ruhepunkte und Frieden zu finden.

Märchen denken in größeren Zusammenhängen, die über unser alltägliches Bewusstsein hinausgehen, und kommen unserem Bedürfnis nach Religion, Spiritualität und dem Geheimnisvollen entgegen. Märchen berichten in Bildern und Symbolen von unseren Gefühlen und inneren Kämpfen. Sie bieten die Möglichkeit einer ganzheitlichen Beschäftigung mit Fragen unserer Existenz. Es gibt keinen Menschen und kein Problem, der bzw. das sich nicht im Märchen wiederfindet. Das Märchen gibt eine Struktur, die jeder nach seinen Bedürfnissen, seinem Verständnis, seinen Fantasien und Emotionsgrenzen ausmalen kann. Im Märchen können eigene Probleme mit einer gewissen Distanz bearbeitet werden, wir können anschauen und erkennen.

In Bildern erzählen uns Märchen von Erfahrungen mit Leben und Sterben, Freude und Leid, Reifungsprozessen, von Tieren, Pflanzen, Naturgesetzen, kosmischem Geschehen. Märchen benutzen Archetypen, sie sind ein universelles, menschliches Phänomen, das der Mensch nicht erschaffen, sondern vorgefunden hat.

Märchen bieten die nötige Distanz, sich mit der eigenen Trauer auseinander zu setzen. Märchen sind die älteste Form der Religion und zeigen uns die ursprünglichsten Bilder der Menschen über Leben und Tod. Es sind Vorstellungen, die über Zehntausende von Jahren ihre Gültigkeiten hatten. Märchen sind historische, archäologische, religiöse und kulturelle Fundgruben – archäologisch in dem Sinne, dass sie von Zeiten berichten, in denen der Mensch mit und nicht gegen die Schöpfung lebte, und indem sie Teile alter Glaubensvorstellungen und Bräuche beinhalten, mit denen wir „Seelenarchäologie" betreiben können. Für bedeutend halte ich die mütterliche Liebe der Schöpfung, die uns alle trägt im Leben und im Sterben. Im Alten Testament wird die Liebe Gottes nicht nur als väterlich beschrieben; es heißt: Gott liebt wie Vater und Mutter. Dornröschen nennt die 13. Fee Mütterchen, sie ist wissender als ihr Vater. Das hören wir oft von Sterbenden und kleinen Kindern; sie sind den Geheimnissen, dem Ursprung des Lebens nahe. Märchenheld(inn)en sind immer die Jüngsten, oft werden sie als die Dümmsten angesehen. Spiegelt sich da nicht die Einstellung zu unseren Kindern wieder? In kleinen Kindern leben die schöpferischen Gesetze noch unverdorben – und von Erwachsenen leider unerkannt. Das Märchen belehrt uns eines Besseren: Die Jüngsten und Dümmsten kommen ans Ziel. In der Bibel ist geschrieben: Die Letzten werden die Ersten sein.

Märchen können zu Wegweisern im Leben werden. Sie helfen, Fragen zu stellen, die man im Alltag nicht erkennt, da man in der Begrenzung seiner Persönlichkeit lebt. Mit ihnen kann man diese Grenze des eigenen Ichs überschreiten und neue Dimensionen erfahren. Märchen machen Mut, Dinge in Frage zu stellen und nach Antworten zu suchen, über das Alltägliche hinweg. Märchen durchbrechen Grenzen – die des Lebens, die des Todes. Sie regen zu neuen Gedanken und schöpferischer Kreativität an, manchmal erscheint es wie ein unendlicher Brunnen der Weisheit, der niemals leer wird. Wo dieser Brunnen steht? In jedem von uns!

Aus Reschke, Edda: Mit Märchen trauern lernen. 2002. Topos plus Taschenbuch 425, Seite 7 bis 9.

Nahe sein in schwerer Zeit

Die Begleitung von schwerkranken und sterbenden Menschen hat in den letzten Jahren an Bedeutung zugenommen. Selbsthilfegruppen, Vereinigungen für humanes Sterben und Begleitorganisationen, die Nachtwachen durchführen, sind entstanden. Neben gemeinnützigen Organisationen sind auch gewinnorientierte Unternehmen gewachsen, die sich in dieser Sparte engagieren wollen. Eines haben alle diese Organisationen gemeinsam: sie konzentrieren sich auf die Sterbenden! Sie, die Sterbenden, sind Zentrum des Geschehens. Ihnen möchte man den Abschied vom Leben so angenehm wie möglich machen. Dies ist sicher eine gute und wichtige Aufgabe. Sterbende sind gerade in dieser wohl schwersten Zeit ihres Lebens auf tragfähige Beziehungen angewiesen. Sie müssen und sollen unterstützt werden.

Doch ist die Sterbebegleitung nur eine der zu bewältigenden Aufgaben. Neben den Sterbenden sind auch deren Angehörigen zu betreuen.

In einer neblig-kalten Novembernacht trug ich unseren zweieinhalbjährigen Sohn, in eine warme Wolldecke verpackt, ratlos und mit großen, fragenden Augen in die Kinderklinik von Winterthur. Seine Lippen waren blau, er atmete kaum mehr. Seine Erbkrankheit, ein Antikörpermangelsyndrom, ließ seine Kräfte schwinden, Er stand dem Tode näher als dem Leben, Ich wurde von einem Freund begleitet, der die Strecke zwischen Wohnung und Spital mit dem Auto in kürzester Zeit schaffte. Rund zwei Stunden später verließ ich das Spital, die leere Wolldecke unter dem Arm, verzweifelt, hoffnungslos, den Satz in den Ohren: „Diese Nacht wird entscheiden, ob Ihr Sohn überleben wird! Gehen Sie nach Hause, wir werden Sie telefonisch benachrichtigen." Und ich ging!

Stumm saß ich am Bett meiner Frau, die bei unserer vierjährigen Tochter geblieben war und all das nicht miterlebt hatte. Ich war nicht in der Lage, ihr es wirklich mitzuteilen, Vielmehr versuchte ich sie zu beruhigen und auf den nächsten Morgen zu vertrösten. Erst als sie zu weinen begann, konnte auch ich mich nicht mehr zurückhalten. Wir waren wohl zu zweit, trotzdem fühlte sich jeder von uns allein, verlassen und verloren. Unserem Freund ging es nicht anders. Wortlos, traurig und vor allem hilflos verließ er uns. Unsere Tochter sah uns mit großen, leeren Augen an. Auch sie war allein. Das dritte Kind regte sich nicht. Es lag geborgen im Schoße seiner Mutter. Meine Frau war damals im dritten Monat schwanger.

Dies war meine erste Begegnung mit einem Thema, das mich seither nicht mehr losgelassen hat. Sterben, Tod und Trauer sind Inhalte des Lebens, denen viele Menschen aus dem Weg gehen bis zu jenem Moment, an dem es ihnen nicht mehr möglich ist. Die damals gemachten Erfahrungen (sie wiederholten sich seither noch einige Male) ließen uns aufhorchen und am eigenen Leib erfahren, wie schmerzhaft es ist, sich in dunkelsten Stunden des Lebens allein zu fühlen. Niemand war auf eine solche Auseinandersetzung vorbereitet, und alle waren maßlos überfordert.

Unser Erleben war beherrscht von Angst und Trauer. Angst, den Sohn in dieser Nacht zu verlieren, sterben lassen zu müssen. Die Trauer konnten wir nicht beschreiben. Sie saß uns einfach tief im Herzen drin und ließ uns die Grenzen unseres eigenen Handelns spüren. Nichts mehr konnten wir für ihn tun! Niemand konnte ihm in den nächsten Stunden helfen! Die ersten medizinischen Maßnahmen hatten ihn beruhigt und stabilisiert. Alle hatten zu warten – einfach zu warten. In solchen Situationen werden Minuten zu Stunden, und Nächte wollen nicht enden. Das Eingeständnis der totalen Hilflosigkeit ist äußerst schmerzhaft und lässt eine hoffnungslose Trauer spürbar werden. Weinen, Schweigen, Beten, Reden, Warten, Weinen, Schweigen, Beten lösten sich ab.

In der Regel stirbt ein Mensch aus einem Geflecht sozialer Beziehungen heraus. Für den Sterbenden ist dieser Prozess mit seinem Ableben zu Ende. Nicht so für die Angehörigen! Für sie beginnt nach dem Tod ihres Familienmitgliedes oft ein Leidensweg, der Jahre dauert und die übrigen Familienmitglieder wie auch die Beziehungen zu Nachbarn und Freunden massiv beeinflusst. Ich bin davon überzeugt, dass die Angehörigen schon vor dem Tod ihres Familienmitgliedes auf tragfähige Beziehungen zu Verwandten, Freunden und Nachbarn angewiesen sind. Oft wissen gerade diese wichtigen Bezugspersonen nicht, wie sie sich Angehörigen gegenüber verhalten sollen. Die meisten schweigen und ziehen sich zurück. Sie weichen ihnen aus. Damit beginnt ein verhängnisvoller Prozess, den ich mit diesem Buch durchbrechen möchte.

Sterbende sollen dann begleitet werden, wenn keine Angehörigen für sie da sind und sie sonst einsam und verlassen sterben müssten. Dort aber, wo Angehörige bereit sind, ihren Sterbenden beizustehen und sie zu begleiten, dort müssen wir lernen, sie zu stützen und zu betreuen, damit sie diesen für ihre spätere Trauer wichtigen Weg der Auseinandersetzung mit den Sterbenden bestehen können.

Aus Fässler-Weibel; Peter: Nahe sein in schwerer Zeit. Zur Begleitung von Angehörigen Sterbender. 2001. Topos plus Taschenbuch 412, Seite 10 bis 13.

Nahtoderfahrungen

Im Juli 2005 schrieb mir ein Arzt eine kurze Notiz, in der es heißt: „Bin Herz- Thoraxchirug und habe sieben Patienten persönlich als Betroffene während ihrer stationären Behandlung mit Nahtoderfahrung/Außerkörpererfahrung glaubwürdig berichten hören. Die meisten meiner Kollegen waren zu diesem Thema angesprochen ratlos. Zwei dieser Patienten hatten diese Erfahrung mitten innerhalb des herzchirurgischen Eingriff und bei laufender extracorporater Zirkulation bei natürlicher Asystolie (Herzstillstand), sie beschrieben exakt mit Blick von der OP-Decke sich mit offenem Brustkorb liegend und die an der Operation beteiligten Kollegen und instrumentierenden Schwestern sowie, was gesprochen wurde. Es hatte sich um absolut glatt verlaufende Herz-Op's gehandelt.

Die anderen fünf Fälle spielten sich in Zusammenhang mit Reanimationsereignissen ab. Bildungsstand von Facharbeiter bis zum Maschinenbau-Prof.-Ing."

Die Ratlosigkeit, von der der Chirurg redet, ist ein verbreitetes Phänomen, nicht nur unter Ärzten, sondern auch unter Psychologen und Seelsorgern. Und doch scheint sich unter Ärzten am ehesten eine Veränderung abzuzeichnen. So veröffentlichte im Februar 2001 die Ärzte-Zeitung einen Beitrag „Ein Leben nach dem Tod mit Licht und mystischen Wesen?" Man liest darin: „Britische Forscher haben die bislang schlüssigsten Hinweise auf ein Leben nach dem Tod entdeckt. Von 63 Asystolie-Patienten berichteten sieben, nach dem Herzstillstand Freude und Hoffnung gefühlt und ein helles Licht am Ende eines Tunnels gesehen zu haben."

Das steht in merkwürdigem Kontrast zur so genannten Ganztodlehre. Danach stirbt beim Tod der ganze Mensch, nichts bleibt übrig, keine Seele oder ähnliches. Erst am Jüngsten Tag schafft Gott aus seinem Gedächtnis heraus jeden Menschen neu und zieht ihn zur Verantwortung.

Die Fronten scheinen also vertauscht: Hatte doch die Theologie versucht, naturwissenschaftlich zeitgemäß zu sein und den Ganzheitsvorstellungen der Psychologie Rechnung zu tragen, nach denen man Leib und Seele nicht voneinander trennen, also auch im Tod nicht von einem Weiterleben der Seele sprechen kann. Nun reden aber gerade Mediziner und Naturwissenschaftler davon, dass es nach dem Tod weitergeht und möglicherweise mit dem Körper keineswegs der ganze Mensch stirbt.

Wenn wir uns mit Nahtoderfahrungen befassen, so geht es also nicht nur um einen Bereich exotischer Erlebnisse, die gelegentlich auftauchen und nach unserer Stellungnahme oder Beratung verlangen. Vielmehr sind wir auf eine neue Weise mit der alten Frage nach einer unsterblichen Seele des Menschen konfrontiert.

Noch beherrscht das an Pharmakologie und Apparaten orientierte Denken die ärztliche Zunft und werden weithin Nahtoderlebnisse als belanglose Nebenwirkungen oder der Spukszene zuzurechnende Phantasie angesehen. Auch kann man in der Neurobiologie verstärkt eine Tendenz zu materialistischer Erklärung alles Geistigen und Religiösen erkennen. Aber es gibt eine stärker werdende Gegenströmung. Im Jahr 2002 wurde auf der Tagung der deutschen Intensiv- und Notfallärzte in Bremen erstmalig eine Sektion eingerichtet, die sich eigens mit Nahtoderlebnissen und allgemein paranormalen Phänomenen befasste. Auch das ist ein Indiz für neue Aufgeschlossenheit. Verstärkt wird sie vermutlich durch die Tatsache, dass infolge verbesserter Reanimationsmethoden weit häufiger als früher Menschen aus einem fortgeschrittenen Koma-Zustand zurückgeholt werden und auch mit größerer Unbefangenheit von dem berichten, was sie im Grenzfeld zwischen Leben und Tod erlebt haben.

Was aber sind Nahtoderfahrungen? Wir verwenden den Begriff nicht für alle Erlebnisse von Sterbenden, sei es dass sie eher von Schrecken oder von Frieden geprägt sind. Wir sprechen hier von bestimmten Extremerfahrungen, von denen nach Umfragen etwa 5 Prozent aller Deutschen zu berichten wissen, oft erst dann, wenn man sie ausdrücklich danach fragt. Die Erfahrungen treten meistens unerwartet auf, etwa bei Unfällen, Herzstillstand während einer Operation, sogar noch bei Nulllinien der Hirnströme im EEG. Sie können aber auch spontan vorkommen oder bei Einnahme von Drogen wie Ketamin und schließlich bei Tiefenmeditation, was eine Nähe zu mystischen Erlebnissen andeutet.

Erstaunlicherweise findet man in den Nahtoderlebnissen dieser Art immer wieder bestimmte Grundmuster wie das Erleben, über dem eigenen Körper zu schweben und den eigenen Körper detailliert wahrzunehmen, beispielsweise bei der Wiederbelebung durch Ärzte und Schwestern im OP; eine Tunnel-Lichterfahrung; in diesem Licht Begegnung mit bereits verstorbenen Freunden oder Verwandten, manchmal auch Lichtwesen; euphorische Glücksgefühle, in seltenen Fällen auch schreckliches Erleben, oft mit Übergang in eine Glücksphase; Wahrnehmung einer Art Lebensfilm oder eines Bilderpanoramas mit Szenen aus dem bisherigen Leben, dann Enttäuschung über die Rückkehr in den – oft kranken – Leib.

Und schließlich positive Auswirkungen auf Religiosität, insbesondere Glauben an ein Leben nach dem Tod.

Nicht, dass immer alle diese Merkmale auftreten, aber meist sind es mehrere davon, und zwar unabhängig von Alter, Geschlecht, Nationalität, Rasse, Religion. Auf der anderen Seite trägt jede Nahtoderfahrung eine individuelle, unverwechselbare Note, die von der Biografie sowie dem sozialen und kulturellen, auch dem religiösen Umfeld abhängt. Das entspricht unserem Dasein insgesamt: Auch wenn wir biologisch nach denselben Prinzipien „gebaut" sind, erweisen sich keine zwei Leben als identisch, nicht nur hinsichtlich ihres allgemeinen Ablaufs, sondern bereits in verschiedenartiger angeborener oder durch Erziehung erworbener Prägung. Schließlich ist zu beachten, dass Nahtoderfahrungen eine prägende, oft umprägende Kraft für das individuelle Leben darstellen.

Nahtoderlebnisse sind in dieser Doppelsicht zu betrachten, will man ihrer medizinisch-biologisch-psychologischen Fundierung und zugleich ihrer über das rational verstehbare Gerüst hinausweisenden Bedeutung gerecht werden. Der vielfach unternommene Versuch, Nahtoderlebnisse in naturwissenschaftlichen Kategorien vollständig zu verstehen, kann als gescheitert angesehen werden. Auch für das gegenteilige Extrem einer esoterischen Deutung dieser Erfahrungen geben Nahtodberichte, nüchtern betrachtet, kaum etwas her. Dass wir in Nahtoderfahrungen gleichwohl Hinweise für ein Leben nach dem Tod erblicken, soll nicht „bewiesen", sondern als Überzeugung dargelegt werden, die sich mit dem heutigen Stand medizinischer und physikalischer Forschung verträgt.

Aus Ewald, Günter: Nahtoderfahungen.
Hinweise auf ein Leben nach dem Tod? 3. Auflage 2008.
topos taschenbuch 591, Seite 8 bis 12 (gestrafft).

Josef Wagner/Gerhard Hartmann
Seit 1972 gibt es die topos taschenbücher

„Es müsste eine ökumenische Taschenbuchreihe geben", darin waren sich Anfang der siebziger Jahre des letzten Jahrhunderts der Patmos-Verlag, Düsseldorf, und der gleichfalls zum Schwann-Konzern gehörende Matthias-Grünewald-Verlag, Mainz, einig.

Seit den sechziger Jahren hatte der Matthias-Grünewald-Verlag eine intensive Zusammenarbeit mit evangelischen Verlagen gepflegt, so war es naheliegend, auch über eine gemeinsame Taschenbuchreihe nachzudenken. Es gab auf katholischer Seite die seit den fünfziger Jahren die „Herderbücherei" und auf evangelischer Seite die „Gütersloher Taschenbücher GTB". Auf Anregung des Matthias-Grünewald-Verlags fanden Gespräche mit den Verlagen Patmos, Chr. Kaiser, München, und Theologischer Verlag, Zürich, statt. Doch in München und Zürich überwogen die Bedenken, und so wurden die gemeinsamen Überlegungen beendet.

Für die Verlage Patmos und Grünewald stellte sich nun die Frage, ob eine religiös orientierte Taschenbuchreihe neben der Herderbücherei und der GTB eine Chance hätte und worin das Spezifikum einer solchen bestehen sollte. Man war sich schnell einig: Eine Taschenbuchreihe, der es gelingen würde, einerseits die nachkonziliare Theologie für einen interessierten, aber nicht theologisch vorgebildeten Leserkreis „lesbar" zu präsentieren, und andererseits der wachsenden Suche nach spiritueller Literatur zu entsprechen, würde im Buchmarkt gut aufgenommen werden.

Beide Verlage machten sich nun auf die Suche nach einem Namen für die neue Taschebuchreihe. Der damalige Verlagsleiter des Matthias-Grünewald-Verlages, Jakob

Laubach, stieß auf das griechische Wort „Topos" (τόπος). Dieses Wort war griffig, kurz, ohne inhaltliche Vorbelastung oder Engführung und sicherlich sehr einprägsam, wenn auch gewöhnungsbedürftig. Im Griechischen sind „Topoi" auch Orte, an denen wissenschaftliche Diskurse stattfinden, es bezeichnet Schrift- und Bücherstellen. So sollte die Taschenbuchreihe Topos ein Ort sein, an dem sich wissenschaftliche und spirituelle Theologie begegnen, durchdringen und gegenseitig befruchten auf einem anspruchsvollen, jedoch für Nicht-Theologen verständlichen Niveau.

Zur Buchmesse 1972 war es dann soweit: die ersten Topos Taschenbücher der Verlage Matthias-Grünewald und Patmos mit Autoren wie Joseph Ratzinger, Otto Hermann Pesch, Dietmar Mieth, Ladislaus Boros oder Marc Oraison verdeutlichten das mit dem Reihentitel intendierte Konzept. Es folgten Autoren wie Johann Baptist Metz neben Marie Noel, Josef Sudbrack neben Bernhard Häring oder Walter Kasper. Der Erfolg der Reihe mit Startauflagen von mindestens 7.000 Exemplaren gab den Erwartungen der Verlage Recht.

Nach dem Ausscheiden des Matthias-Grünewald-Verlags aus der Schwann-Verlagsgruppe führte Grünewald ab 1976 die Reihe allein weiter. Mit jährlich 10 bis 12 Titeln unterschied sich die Reihe deutlich von den üblichen Taschenbuchreihen und hatte gleichzeitig die Möglichkeit, ein umso schärferes Profil zu entwickeln.

Eine Bereicherung erfuhr die Reihe mit der Aufnahme von Schriften des bedeutenden Theologen und Religionswissenschaftlers Romano Guardini. Guardini hatte einige Jahre seines Lebens in Mainz verbracht und im Matthias-Grünewald-Verlag auch sehr frühe Schriften veröffentlicht. So war es für den Verlag eine Herausforderung, in einer Zeit, als Guardini vergessen zu werden drohte, wichtige Schriften dieses Autors einem breiteren Leserkreis zugänglich zu machen, die seit 1978 bis heute zum Grundbestand der Topos Taschenbücher gehören (siehe nachfolgendes Gesamtverzeichnis).

In über 25 Jahren sind weit über 200 Topos Taschenbücher erschienen. Für einen Verlag wie Matthias-Grünewald wurde es gegen Ende des Jahrhunderts aber zunehmend schwieriger, allein die Reihe mit qualitativ guten Titeln zu vergleichsweise niedrigen Ladenpreisen zu bestücken. Er dachte deshalb zuerst daran, die Reihe zu schließen. Daher haben in den Jahren 1998/99 die Verlage der Verlagsgruppe Engagement nach eingehenden Beratungen beschlossen, gemeinsam die Topos Taschenbücher weiterzuführen.

Zu diesem Zweck wurde die Verlagsgemeinschaft Topos plus von den Verlagen Butzon & Bercker Kevelaer, Don Bosco München, Echter Würzburg, Lahn Limburg, Matthias Grünewald Mainz, Paulus Freiburg/Schweiz, Friedrich Pustet Regensburg, Styria Graz und Tyrolia Innsbruck gegründet. Im Jahr 2000 kam der Verlag des Katholischen Bibelwerks Stuttgart hinzu (er schied wieder Ende 2008 aus), Ende 2002 schied der Verlag Styria Graz aus. Mit 1. 1. 2006 ging der Matthias Grünewald Verlag in die Schwabenverlags AG Ostfildern auf, die ab diesem Zeitpunkt Mitglied der Verlagsgemeinschaft Topos plus GbR ist.

Bei der Struktur und Arbeitsweise der Verlagsgemeinschaft Topos plus lehnte man sich an die der Universitätstaschenbücher (UTB) an, d. h. die Mitgliedsverlage steuern in eigener Verantwortung die einzelnen Bände bei.

Im Herbst 1999 erschien das erste Programm der nunmehrigen Topos plus Taschenbücher in neuer grafischer Gestaltung. Sie wurden im September in der gerade vor dem Umzug nach Berlin sich befindenden Landesvertretung Baden-Württemberg in Bonn unter Promotion der damaligen Kultusministerin dieses Landes, Frau Annette Schavan, selber Mitarbeiterin eines der ersten Bände, der Öffentlichkeit vorgestellt. Pro Halbjahresprogramm erschienen jeweils schwankend rund 12 bis 20 Bände. Recht bald konturierte sich eine Programmstruktur heraus, die sich in der Gliederung des nachstehenden Gesamtverzeichnisses widerspiegelt und die Intention der Gründung weiterentwickelt hat. Namhafte Autoren, wie man sich nachstehend überzeugen kann, konnten weiterhin gewonnen werden. In neuneinhalb Programmjahren seit Herbst 1999 sind rund 350 Bände erschienen.

Nachdem es ab dem Herbstprogramm 2002 einen leichten Relaunch der Umschlaggestaltung gegeben hat, wurde acht Jahren nach Errichtung von Topos plus eine Totalrevision des äußeren Erscheinungsbildes in Angriff genommen. Mit dem Frühjahrsprogramm des Jahres 2008 kam dies erstmals zum Tragen.

Die Welt hat sich im Laufe des letzten Drittels des 20. Jahrhunderts sowie zu Beginn des 21. Jahrhunderts stark gewandelt. Die religiös-kirchliche Situation der Jahre 2008/09 entspricht aber nicht mehr der des Jahres 1972. Für einen religiösen Taschenbuchverlag auf christlicher Grundlage stellt das eine große Herausforderung dar, die es jetzt und in Hinkunft im Dienste der interessierten Leserinnen und Leser zu bewältigen gilt.

Gesamtverzeichnis der lieferbaren Topos Taschenbücher 2009

Spirituelle Lebensorientierung

Reinhard Abeln
Wenn du meinst, es geht nicht mehr. Vom Umgang mit dem Leid
144 Seiten, 2007, Band 618,
ISBN 978-3-7867-8618-4

Reinhard Abeln / Anton Kner
Am Abend leuchten die Sterne. Wie man alt werden und zugleich jung bleiben kann
119 Seiten, 2003, Band 457,
ISBN 978-978-3-7867-8457-9

Reinhard Abeln
Zum Glück gibt's Enkelkinder. Ein Lesebuch
144 Seiten, 2009, Band 683,
ISBN 978-3-8367-0683-4

Reinhard Abeln
So gelingt das Leben. Schritte, die weiterhelfen
144 Seiten, 2009, Band 669,
ISBN 978-3-8367-0669-8

Lore Bartholomäus
Ich möchte an der Hand eines Menschen sterben.
Der Alltag eines Hospizes als Herausforderung für den Glauben
88 Seiten, 2004, Band 519,
ISBN 978-3-7867-8519-4

Otto Betz
Vom Glück des Augenblicks. Den Alltag bewußt leben
149 Seiten, 2002, Band 444,
ISBN 978-3-7867-8444-9

Otto Betz
Vom Umgang mit der Zeit. Ein Gradmesser unserer Lebenskunst
126 Seiten, 2004, Band 516,
ISBN 978-3-7867-8516-3

Roswitha Dockenhoff
Wunden, die zum Leben führen
120 Seiten, 2007, Band 626,
ISBN 978-3-7867-8626-9

Dorothee Döring
Den Weg durch Leid und Trauer gemeinsam gehen
143 Seiten, 2004, Band 538,
ISBN 978-3-7867-8538-5

Peter Fässler-Weibel (Hg.)
Wie ein Blitz aus heiterem Himmel. Vom plötzlichen Tod und seine Folgen
312 Seiten, 2004, Band 542,
ISBN 978-3-7867-8542-2

Peter Fässler-Weibel (Hg.)
Wenn Eltern sterben
232 Seiten, 2004, Band 522,
ISBN 978-3-7867-8522-4

Peter Fässler-Weibel (Hg.)
Wenn Kinder sterben
288 Seiten, 2008, Band 660,
ISBN 978-3-7867-0660-6

Peter Fässler-Weibel (Hg.)
Nahe sein in schwerer Zeit
Zur Begleitung von Angehörigen Sterbender
190 Seiten, 2. Auflage 2009,
Band 412, ISBN 978-3-8367-0412-0

Peter Fässler-Weibel (Hg.)
Sterbende verstehen lernen
272 Seiten, 2006, Band 593,
ISBN 978-3-7867-8593-4

Peter Fässler-Weibel (Hg.)
Gelebte Trauer. Vom Umgang mit Angehörigen bei Sterben und Tod
184 Seiten, 2003, Band 479,
ISBN 978-3-7867-8479-5

Eddie Fitzgerald
Krebskrank. Wege zur Gesundheit, Heilung und innerem Frieden
160 Seiten, 2001, Band 371,
ISBN 978-3-7867-8371-8

Petra Gaidetzka
Es bleibt die Hoffnung.
Zuspruch für Trauernde
128 Seiten, 2008, Band 675,
ISBN 978-3-8367-0675-9

Alfons Gerhardt
Kranken begegnen
102 Seiten, 2000, Band 325,
ISBN 978-3-7867-8325-1

Eliana Gil
Dem Schmerz entwachsen.
Ein Buch für und über
Missbrauchsopfer
86 Seiten, 2000, Band 351,
ISBN 978-3-7867-8351-0

Albert Görres
Das Kreuz mit dem Glauben.
Kritische Gedanken eines Therapeuten
Vorwort von Bischof Karl Lehmann
160 Seiten, 2000, Band 359,
ISBN 978-3-7867-8359-6

Anselm Grün
Lebe dein Leben
144 Seiten, 2008, Band 658,
ISBN 978-3-8367-0658-2

Manfred Hanglberger
Die Geburt des ICH.
Wie die Seele „zur Welt kommt"
180 Seiten, 4. Auflage 2008, Band
354, ISBN 978-3-8367-0354-3

Manfred Hanglberger
Wenn Liebe Leiden schafft.
Wege und Irrwege in der
Partnerbeziehung
157 Seiten, 2004, Band 483,
ISBN 978-3-7867-8483-8

Manfred Hanglberger
Bin ich denn nichts wert?
Der Weg zu einem gesunden
Selbstwertgefühl
124 Seiten, 2. Aufl. 2007,
Band 481
ISBN 978-3-7867-8481-4

Manfred Hanglberger
Ich bin schuld! Der sinnvolle
Umgang mit Schuldgefühlen
168 Seiten, 2006, Band 485,
ISBN 978-3-7867-8485-2

Manfred Hanglberger
Ich bin zornig – und das ist gut so!
Wut verstehen und nutzen
120 Seiten, 2003, Band 482,
ISBN 978-3-7867-8482-1

Manfred Hanglberger
Signale des Unbewussten.
Ängste verstehen und bewältigen
120 Seiten, 2. Auflage 2000,
Band 312, ISBN 978-3-7867-8312-1

Manfred Hanglberger
Tränen, die heilen.
Neue Wege der Trauerarbeit
157 Seiten, 2004, Band 484,
ISBN 978-3-7867-8484-5

Albert Höfer
Erlösung will erfahrbar sein. Erlösungsvorstellungen und ihre heilende Wirkung
127 Seiten, 2002, Band 417,
ISBN 978-3-7867-8417-3

Markus Hofer
Kinder brauchen Väter. Söhne und Töchter über ihre Väter
128 Seiten, 2001, Band 413,
ISBN 978-3-7867-8413-5

Adrian Holderegger
Suizid – Leben und Tod im Widerstreit
137 Seiten, 2002, Band 432,
ISBN 978-3-7867-8432-6

Peter Paul Kaspar
Die Uhren lügen. Von der Gelassenheit im Umgang mit der Zeit
96 Seiten, 2006, Band 614,
ISBN 978-3-7867-8614-6

Erich Kock
Jeden Morgen weckt mich das Licht. Vom Älterwerden
96 Seiten, 2. Auflage 2009,
Band 678, ISBN 978-3-8367-0678-0

Guido Kreppold
Jesus – Heiland oder Medizinmann?
104 Seiten, 2000, Band 330,
ISBN 978-3-7867-8330-5

Guido Kreppold
Die Seele entdecken. Seelische Gesundheit und der Rhythmus des Jahres
116 Seiten, 1999, Band 311,
ISBN 978-3-7867-8311-4

Francis MacNutt
Die Kraft zu heilen. Durch Gebet und Meditation
264 Seiten, 2000, Band 333,
ISBN 978-3-7867-8333-6

Michael Marsch
Komm, Schöpfer Geist. Heilung durch die Bibel
144 Seiten, 1999, Band 314,
ISBN 978-3-7867-8314-5

Leo Missinne
Mit Zuversicht ins Alter
134 Seiten, 2001, Band 383,
ISBN 978-3-7867-8383-1

Erwin Möde / Stephan E. Müller (Hg.)
Von der Heilkraft des Glaubens. Perspektiven therapeutischer Theologie
165 Seiten, 2002, Band 420,
ISBN 978-3-7867-8420-3

Erwin Möde
Lachen und Weinen hat seine Zeit. Wege zur Leidensbewältigung und Lebensfindung
95 Seiten, 1999, Band 305,
ISBN 978-3-7867-8305-3

Wunibald Müller
Ekstase. Sexualität und Spiritualität
128 Seiten, 1999, Band 306,
ISBN 978-3-7867-8306-0

Wunibald Müller
Liebe und Zölibat. Wie eheloses Leben gelingen kann
160 Seiten, 2000, Band 352,
ISBN 978-3-7867-8352-9

Wunibald Müller
Auf der Suche nach der verlorenen Seele
196 Seiten, 2006, Band 590,
ISBN 978-3-7867-8590-3

Alfons Pausch / Jutta Pausch (Hg.)
Kraft in den Schwachen. Lebens- und Glaubenserfahrungen behinderter und kranker Menschen
192 Seiten, 1995, Topos-alt Band 248, ISBN 978-3-7867-1833-8

Otto Hermann Pesch
Christliche Lebenspraxis
384 Seiten, 2003, Band 499,
ISBN 978-3-7867-8499-9

Edda Reschke
Mit Märchen trauern lernen
102 Seiten, 2002, Band 425,
ISBN 978-3-7867-8425-8

Richard Rohr, Wasilios E. Fthenakis u. a.
Vater, Sohn und Männlichkeit. Wie der Mann zum Mann wird
128 Seiten, 2008, Band 661,
ISBN 978-3-8367-0661-2

Klaus Roos
Geh deinen Weg und sei ganz. Impulse für ein christliches Leben
232 Seiten, 2004, Band 540,
ISBN 978-3-7867-8540-8

Monika Rudolph
Es gibt Augenblicke. Begegnungen einer Krankenhausseelsorgerin
120 Seiten, 2000, Band 343,
ISBN 978-3-7867-8343-5

Hans Schaller
Wie finde ich meinen Weg. Eine christliche Lebenshilfe
144 Seiten, 2. Auflage 2009,
Band 580, ISBN 978-3-7867-0580-6

Eberhard Schockenhoff
Krankheit – Gesundheit – Heilung. Wege zum Heil aus biblischer Sicht
173 Seiten, 2001, Band 406,
ISBN 978-3-7867-8406-7

Christian Schramm
Ruhe – ein Geschenk aus Gottes Schatzkammer
160 Seiten, 2005, Band 572,
ISBN 978-3-7867-8572-9

Georg Schwikart
Bruder Tod. Leben mit der Sterblichkeit
96 Seiten, 2005, Band 560,
ISBN 978-3-7867-8560-6

Georg Schwikart
Die Seiltänzer. Über das Leben zu zweit
120 Seiten, 2000, Band 319,
ISBN 978-3-7867-8319-0

Ulrike Seifert (Hg.)
Kraftquellen für Leib, Seele und Geist
135 Seiten, 2002, Band 427,
ISBN 978-3-7867-8427-2

Bernhard Sill
Die Kunst des Sterbens
128 Seiten, 2009, Band 691,
ISBN 978-3-8367-0691-9

Christa Spilling-Nöker
Ich schenke dir ein gutes Wort. Ermutigungen und Segensworte
96 Seiten, 2009, Band 674,
ISBN 978-3-8367-0674-2

Helga Strätling-Tölle
Übergänge. Geschichten vom Leben und Sterben
142 Seiten, 2000, Band 346,
ISBN 978-3-7867-8346-6

Hansjosef Theyßen
Die ewige Suche des Menschen nach dem Glück. Erlebte Geschichten
96 Seiten, 2002, Band 442,
ISBN 978-3-7867-8442-5

Anne-Marie Vermaat
Liebes, du fehlst mir so. Sichtbare Trauer – spürbarer Trost
144 Seiten, 2009, Band 680,
ISBN 978-3-8367-0680-3

Dieter Voigt / Sabine Meck
Von der Gelassenheit.
Lebensziel und Weg
176 Seiten, 2008
Band 655, ISBN 978-3-8367-0655-1

Spiritualität – Gebet – Meditation

Reinhard Abeln / Anton Kner
Vierzehn Säulen hat die Liebe.
Von den Werken der Barmherzigkeit
128 Seiten, 2002, Band 424,
ISBN 978-978-3-7867-8424-1

Rudolf Ammann
Auf Gottes Bund ist Verlass.
Bibliche Zusagen heute
112 Seiten, 2005, Band 570,
ISBN 978-3-7867-8570-5

Rudolf Ammann
Auf Gottes Bund ist Verlass.
Bibliche Zusagen heute
112 Seiten, 2005, Band 570,
ISBN 978-3-7867-8570-5

Gottfried Bachl
Gottesbeschreibung.
Reden und Lesestücke
136 Seiten, 2002, Band 438,
ISBN 978-3-7867-8438-8

Gottfried Bachl
Der schwierige Jesus
112 Seiten, 2005, Band 578,
ISBN 978-3-7867-8578-1

Corona Bamberg
Was Menschsein kostet.
Aus der Erfahrung frühchristlicher Mönche gedeutet
153 Seiten, 2001, Band 376,
ISBN 978-3-7867-8376-3

Otto Betz
Der Leib und seine Sprache. Die Symbolik der menschlichen Gestalt
233 Seiten, 2003, Band 504,
ISBN 978-3-7867-8504-8

Otto Betz
Tastende Gebete
104 Seiten, 2005, Band 574,
ISBN 978-3-7867-8574-3

Ladislaus Boros
Aus der Hoffnung leben. Zukunftserwartung in christlichem Dasein
105 Seiten, 1992, Topos-alt Band 218, ISBN 978-3-7867-1620-4

Gabrielle Bossis
Er und ich. Geistliches Tagebuch III
152 Seiten, 2007, Band 622, ISBN 978-3-7867-8622-1

Henri Boulad
Gottessöhne, Gottestöchter. Gelebte Existenzreligion
131 Seiten, 2004, Band 517, ISBN 978-3-7867-8517-0

Piet van Breemen
Erfüllt von Gottes Licht. Eine Spiritualität des Alltags
200 Seiten, 2005, Band 550, ISBN 978-3-7867-8550-7

Wilhelm Bruners
Das Gespräch mit dem Engel. Biblische Begegnungen
132 Seiten, 2002, Band 441, ISBN 978-3-7867-8441-8

Gabrielle Bossis
Er und ich. Geistliches Tagebuch I
107 Seiten, 20. Auflage 2009, Band 607, ISBN 978-3-8367-0607-0

Gabrielle Bossis
Er und ich. Geistliches Tagebuch II
96 Seiten, 12. Auflage 2006, Band 608, ISBN 978-3-7867-8608-5

Hubertus Brantzen
Mit Abraham und Sara auf den Spuren Gottes. Biblische Exerzitien im Alltag
154 Seiten, 2000, Band 339, ISBN 978-3-7867-8339-8

Thomas Broch
Leben üben. 7 x7 Impulse für die Fastenzeit
96 Seiten, 2009, Band 673, ISBN 978-3-8367-0673-5

Christiane Bundschuh-Schramm
Segen wird es geben. Gute Wünsche für das Jahr
120 Seiten, 2008, Band 676, ISBN 978-3-8367-0676-6

Monika Dorothea Brunst
Ich treff mich heute mit mir selbst.
Vier Wochen für ein sinnvolles Leben
112 Seiten, 2008, Band 645,
ISBN 978-3-8367-0645.2

Bernd Claret
Hoffnung in einer „zerbrochenen Welt". Ein Antwortversuch auf die Sinnfrage
140 Seiten, 2002, Band 429,
ISBN 978-3-7867-8429-6

Madeleine Delbrêl
Gott einen Ort sichern. Texte – Gedichte – Gebete
Hg. von Annette Schleinzer
168 Seiten, 2007, Band 644,
ISBN 978-3-8367-0644-5

Luis Espinal
Und haben nur einen Sinn, wenn wir brennen. Gebete hautnah
96 Seiten, 2008, Band 649,
ISBN 978-3-8367-0649-0

Max Feigenwinter
Wurzeln spüren, Neues wagen. Texte die Mut machen
128 Seiten, 2009, Band 686,
ISBN 978-3-8367-0686-5

Christa Felicetti
Lebensweisheit der Kirchenväter
208 Seiten, 2002, Band 436,
ISBN 978-3-7867-8436-4

Franz von Sales
Philothea. Anleitung zum religiösen Leben. Übersetzt und herausgegeben von Otto Karrer
228 Seiten, 2. Auflage 2008, Band 329, ISBN 978-3-8367-0329-1

Hubert Gaisbauer
Den Engeln auf der Spur
112 Seiten, 2000, Band 335,
ISBN 978-3-7867-8335-0

Hajo Goertz
Weggefährten Jesu. Impulse für die Nachfolge
192 Seiten, 2001, Band 408,
ISBN 978-3-7867-8408-1

Wilhelm Gössmann
Ohne Religion kein Beten? Gebete – Reflexionen – Verinnerlichen
128 Seiten, 2008, Band 657,
ISBN 978-3-8367-0657-5

Veronica Gradl
Wachsam wachsen.
Den eigenen Weg finden
112 Seiten, 1999, Band 316,
ISBN 978-3-7867-8316-9

Gisbert Greshake
Die Wüste bestehen.
Erlebnis und geistliche Erfahrung
112 Seiten, 2004, Band 528,
ISBN 978-3-7867-8528-6

Elmar Gruber
Im Himmel auf Erden.
Betrachtungen zum Vaterunser
127 Seiten, 2000, Band 321,
ISBN 978-3-7867-8321-3

Elmar Gruber
Lass Schaf und Wolf zusammen
in dir wohnen. Meditationen zu
christlichen Tugenden
87 Seiten, 2002, Band 418,
ISBN 978-3-7867-8418-0

Waltraud Herbstrith
Biblische Meditationen
120 Seiten, 1995, Topos-alt Band
251, ISBN 978-3-7867-1872-7

Waltraud Herbstrith
Verweilen vor Gott.
Mit Teresa von Avila,
Johannes vom Kreuz
und Edith Stein
106 Seiten, 2. Auflage 2008,
Band 402, ISBN 978-3-8367-0402-1

Gottfried Hierzenberger /
Jos Rosenthal
Der betende Mensch. Kleine
Kultur- und Geistesgeschichte
des Betens
224 Seiten, 2005, Band 569,
ISBN 978-3-7867-8569-9

Basil Hume
Das Mysterium des Kreuzes
95 Seiten, 2001, Band 373,
ISBN 978-3-7867-8373-2

Josef Imbach
Und lehrte sie in Bildern.
Die Gleichnisse Jesu –
Geschichten für heute
238 Seiten, 2003, Band 465,
ISBN 978-3-7867-8465-4

Josef Imbach
Wunder. Eine existentielle
Auslegung
239 Seiten, 2002, Band 445,
ISBN 978-3-7867-8445-6

Paul Jakobi
Sehnsucht nach Leben.
Erzählungen und Gedichte –
weitergebetet, weitergedacht
180 Seiten, 1994, Topos-alt Band
243, ISBN 978-3-7867-1794-2

Franz Jalics
Lernen wir beten
112 Seiten, 2005, Band 564,
ISBN 978-3-7867-8564-4

Karin Johne
Die Kraft des Glaubens. Meditationen zum Lukasevangelium
320 Seiten, 2000, Band 332,
ISBN 978-3-7867-8332-9

Karin Johne
Geistlicher Übungsweg für den
Alltag
288 Seiten, 2. Auflage 2003,
Band 313, ISBN 978-3-7867-8313-8

Elmar Klinger
Das absolute Geheimnis im Alltag
entdecken. Zur spirituellen
Theologie Karl Rahners
60 Seiten, 2001, Band 392,
ISBN 978-3-7867-8392-3

Martina Kreidler-Kos /
Niklaus Kuster
Christus auf Augenhöhe.
Das Kreuz von San Damiano
128 Seiten, 2008, Band 664,
ISBN 978-3-8367-0664-3

Ferdinand Krenzer
Mehr Leben als du ahnst.
Meditationen
132 Seiten, 1997, Topos-alt Band
269, ISBN 978-3-7867-2010-2

Ferdinand Krenzer
Oasen im Alltag. Meditationen
116 Seiten, 3. Auflage 1998,
Topos-alt Band 214,
ISBN 978-3-7867-1584-9

Willi Lambert
Aus Liebe zur Wirklichkeit. Grundworte ignatianischer Spiritualität
197 Seiten, 8. Auflage 2008, Band
367, ISBN 978-3-8367-0367-3

Erich Läufer
Botengänger Gottes. Eine Freundschaftserklärung an die Engel
87 Seiten, 2001, Band 389,
ISBN 978-3-7867-8389-3

Marcel Légaut
Beten um Mensch zu werden
60 Seiten, 2002, Band 452,
ISBN 978-3-7867-8452-4

Leonhard Lehmann
Das Erbe eines Armen.
Franziskus-Schriften
200 Seiten, 2003, Band 464,
ISBN 978-3-7867-8464-7

Leonhard Lehmann
Franziskus – Meister der Gebets.
Eine Einführung
272 Seiten, 2007, Band 599,
ISBN 978-3-7867-8599-6

Georg Magirius
Gott spricht kunterbunt. Reden und Geschichten gegen die grauen Kanzelworte
54 Seiten, 2000, Band 344,
ISBN 978-3-7867-8344-2

Dagmar Müller
Begleiterinnen auf dem Weg nach innen. Acht Wege mit mittelalterlichen Mystikerinnen
232 Seiten, 2007, Band 629
ISBN 978-3-7867-8629-0

Josef Osterwalder
Beten wie mir zumute ist.
Klage, Freude, Stille, Trauer, Dank
96 Seiten, 1991, Topos-alt Band 217,
ISBN 978-3-7867-1587-0

Christa Peikert-Flaspöhler
Du träumst in mir, mein Gott.
Frauen beten
95 Seiten, 2000, Band 349,
ISBN 978-3-7867-8349-7

Christa Peikert-Flaspöhler
Im Leben such ich dich, Maria.
Gedichte, Gebete, Betrachtungen
160 Seiten, 2002, Band 426,
ISBN 978-3-7867-8426-5

Maria Riebl
Bergpredigt
88 Seiten, 2000, Band 361,
ISBN 978-3-7867-8361-9

Joop Roeland
Die Stimme eines dünnen Schweigens. Kleine Wörter, Gedanken und Meditationen
100 Seiten, 2003, Band 487,
ISBN 978-3-7867-8487-6

Willibald Sandler
Der verbotene Baum im Paradies. Was es mit dem Sündenfall auf sich hat
144 Seiten, 2009, Band 689,
ISBN 978-3-8367-0689-6

Hellmut Santer
Über allem die Liebe. Meditationen
80 Seiten, 2001, Band 384,
ISBN 978-3-7867-8384-8

Johanna Sattler
Wege der Begegnung mit Gott. Formen des meditativen Gebets
160 Seiten, 2009, Band 667,
ISBN 978-3-8367-0667-4

Hans Schaller
Wenn ich beten könnte
128 Seiten, 3. Auflage 2002,
Band 439, ISBN 978-3-7867-8439-5

Hans Schaller
Iss, sonst wird der Weg zu weit
127 Seiten, 2002, Band 477,
ISBN 978-3-7867-8477-7

Hans Schaller
Treue zum eigenen Weg. Ideal oder Überforderung?
142 Seiten, 3. Auflage 2004,
Band 518, ISBN 978-3-7867-8518-7

Hans Schaller
Wenn Vergeben schwer fällt
101 Seiten, 1999, Band 307,
ISBN 978-3-7867-8307-7

Hans Schaller / Dominik Terstriep
Vom Segen in alltäglichen Dingen
120 Seiten, 2006, 2. Auflage 2009,
Band 609, ISBN 978-3-8367-0609-4

Klemens Schaupp
Gott im Leben entdecken. Einführung in die geistliche Begleitung
192 Seiten, 2006, Band 565,
ISBN 978-3-7867-8565-1

Helmut Schlegel
Ich bin das Feuer, und du bist der Wind. Biblische Meditationen zum Werden und Wachsen des inneren Menschen
112 Seiten, 2008, Band 663,
ISBN 978-3-8367-0663-6

Tobias Schmid
Engel gibt es überall.
Gedanken und Geschichten
96 Seiten, 2006, Band 581,
ISBN 978-3-7867-8581-1

Theodor Schneider
Dann wirst Du alle Tränen trocknen. Geistliche Reden zu Tod und Leben
108 Seiten, 1996, Topos-alt Band 257, ISBN 978-3-7867-1910-6

Norbert Scholl
Dem Stern folgen. Streifzüge durch das Matthäusevangelium
168 Seiten, 2007, Band 643,
ISBN 978-3-8367-0643-8

Norbert Scholl
Die Zeichen deuten. Streifzüge durch das Johannesevangelium
160 Seiten, 2005, Band 566,
ISBN 978-3-7867-8575-0

Wendelin Eugen Seitz
Maria. Ein Lesebuch über die Gottesmutter
118 Seiten, 2007, Band 601,
ISBN 978-3-7867-8601-6

Dorothee Sölle
Gottes starke Töchter.
Große Frauen der Bibel
128 Seiten, 2009, Band 688,
ISBN 978-3-8367-0688-9

Fridolin Stier
Wenn aber Gott ist … Persönliche Erinnerungen und biblische Reflexionen, Hg. von Eleonore Beck und Gabriele Miller
128 Seiten, 2006, Band 579,
ISBN 978-3-7867-8579-1

Josef Sudbrack
Was heißt christlich meditieren.
Wege zu sich selbst und zu Gottes Du
126 Seiten, 1996, Topos-alt Band 263, ISBN 978-3-7867-1953-3

Martin Tamcke
Achtsamkeit in jedem Atemzug.
Einführung in die ostkirchliche Spiritualität
128 Seiten, 2007, Band 616,
ISBN 978-3-7867-8616-0

Mutter Teresa
Die wahre Liebe. Geistliche Texte
104 Seiten, 2007, Band 623,
ISBN 978-3-7867-8623-8

Werner Thissen
Du bist mein Glück. Leben
198 Seiten, 2006, Band 610,
ISBN 978-3-7867-8610-8

Hermann-Josef Venetz
Der Evangelist des Alltags. Streifzüge durch das Lukasevangelium aus der Kraft der Begegnung
128 Seiten, 2004, Band 515,
ISBN 978-3-7867-8515-5

Silja Walter
Die Beichte im Zeichen des Fisches. Ein geistliches Tagebuch
208 Seiten, 2005, Band 558,
ISBN 978-3-7867-8558-3

Saskia Wendel
Christliche Mystik. Eine Einführung
128 Seiten, 2004, Band 527,
ISBN 978-3-7867-8527-9

Lothar Zenetti
In Seiner Nähe. Texte des Vertrauens
168 Seiten, 2002, Band 431,
ISBN 978-3-7867-8431-9

Thomas von Kempen
Die Nachfolge Christi. Herausgegeben und erläutert von Josef Sudbrack SJ
176 Seiten, 2000, Band 320,
ISBN 978-3-7867-8320-6

Herbert Vorgrimler
Auf dem Weg zum göttlichen Geheimnis. Meditationen und theologische Besinnungen
262 Seiten, 2000, Band 318,
ISBN 978-3-7867-8318-3

Josef Weismayer
Leben aus dem Geist Jesu. Grundzüge geistlicher Spiritualität
240 Seiten, 2007, Band 611,
ISBN 978-3-7867-8611-9

Ulrike Wolitz
Von Schwelle zu Schwelle. Ein Kursbuch zum Credo
116 Seiten, 2001, Band 378,
ISBN 978-3-7867-8378-7

Lothar Zenetti
Auf seiner Spur. Texte gläubiger Zuversicht
208 Seiten, 3. Auflage 2002,
Band 327, ISBN 978-3-7867-8327-5

Jörg Zink
Dem Herzen nahe. Ein spirituelles Lesebuch
144 Seiten, 2007, Band 627,
ISBN 978-3-7867-8627-6Paul M.

Paul M. Zulehner
Leibhaftig glauben. Lebenskultur nach dem Evangelium
96 Seiten, 2008, Band 659,
ISBN 978-3-8367-0659-9

Literarisches

Chajim Bloch
Chassidische Geschichten und Legenden. Mit einem Vorwort von Salcia Landmann
240 Seiten, 2006, Band 595,
ISBN 978-3-7867-8595-8

Karl-Josef Kuschel
„Vielleicht hält Gott sich einige Dichter....“ Literarische Skizzen Band 1
344 Seiten, 2005, Band 556,
ISBN 978-3-7867-8556-9

Susanne Sandherr / Dorothee Sandherr-Klemp (Hg.)
Bleibt ihr Engel, bleibt bei mir. Engelgedichte
128 Seiten, 2008
Band 654, ISBN 978-3-8367-0654-0

Hans-Rüdiger Schwab
Gott im Gedicht. Ein Streifzug durch die deutschsprachige Lyrik
192 Seiten, 2007, Band 600,
ISBN 978-3-7867-8600-9

Theodor Weißenborn
Die Frau, die meine Tochter war. Erzählungen
101 Seiten, 2002, Band 455,
ISBN 978-3-7867-8455-3

Wilhelm Willms
alle nächte werden hell. Ausgewählte Texte
Mit einer Einführung von Berthold Weckmann
112 Seiten, 2006, Band 584,
ISBN 978-3-7867-8584-2

Weihnachten und Ostern

Reinhard Abeln
Ein Fest der Freude.
Geschichten zur Weihnachtszeit
128 Seiten, 2007, Band 637,
ISBN 978-3-8367-0637-4

Reinhard Abeln
Denn geboren ist die Liebe.
Ein Familien-Lesebuch von
Sankt Martin bis Dreikönig
144 Seiten, 2008, Band 665,
ISBN 978-3-8367-0665-0

Reinhard Abeln /
Anton Kner (Hg.)
Ein Kind ist uns geboren.
Ein Weihnachtslesebuch
144 Seiten, 2002, Band 449,
ISBN 978-978-3-7867-8449-4

Rudolf Bischof /
Klaus Gasperi (Hg.)
Weil wir im Herzen barfuß sind.
Ein Lesebuch zur Advents-
und Weihnachtszeit
207 Seiten, 3. Auflage 2008,
Band 394, ISBN 9783-8367-0394-9

Wilhelm Gössmann
Es weihnachtet sehr. Weihnachten
mit der Poesie entdecken
127 Seiten, 2001, Band 388,
ISBN 978-3-7867-8388-6

Reinhard Abeln
Alle Knospen springen auf.
Lesebuch zu Ostern
128 Seiten, 2005, Band 548,
ISBN 978-3-7867-8548-4

Reinhard Abeln
Weihnachten entgegen.
Geschichten und Gedichte
142 Seiten, 2004, Band 531,
ISBN 978-978-3-7867-8531-6

Elisabeth Bernet
Der Mantel des Sterndeuters.
Geschichte und Motive zu Weihnachten
139 Seiten, 1999, Band 308,
ISBN 978-3-7867-8308-4

Eva Dicks (Hg.)
Es kam ein Engel hell und klar.
Ein Lesebuch zu Adent und
Weihnachten
144 Seiten, 2005, Band 562,
ISBN 978-3-7867-8562-7

Kurt Haberstich
So still ist jetzt die Zeit.
Geschichten zur Weihnachtszeit
79 Seiten, 2004, Band 544,
ISBN 978-3-7867-8544-6

Josef Imbach
War Licht? Ward Rettung? Besinnliche Gedanken zur Weihnachtszeit
95 Seiten, 2000, Band 345,
ISBN 978-3-7867-8345-9

Erich Jooß
Es war einmal in Betlehem.
Neue Legenden und Geschichten zur Weihnachtszeit
91 Seiten, 2000, Band 342,
ISBN 978-3-7867-8342-8

Kurt Koch
Vom Wunder der Weihnacht.
Meditationen zu Advent und Weihnachten
159 Seiten, 2003, Band 507,
ISBN 978-3-7867-8507-1

Hermann Joseph Kohl
(K)ein Stern stand über Betlehem.
Eine kleine Weihnachtskunde
104 Seiten, 2007, Band 639,
ISBN 978-3-8367-0639-1

Udo Körner
Auf Tuchfühlung mit Gott
136 Seiten, 2002, Band 459,
ISBN 978-3-7867-8459-3

Rolf Krenzer
Der kleine David war auch dabei.
Adventsgeschichten
96 Seiten, 2000, Band 347,
ISBN 978-3-7867-8347-3

Heidi Rose (Hg.)
Zu Betlehem geboren.
Geschichten und Gedichte
128 Seiten, 2003, Band 497,
ISBN 978-3-7867-8497-5

Heidi Rose (Hg.)
Vom Eise befreit. Texte für Frühjahr und Ostern
111 Seiten, 2003, Band 463,
ISBN 978-3-7867-8463-0

Jos Rosenthal
Rote Mütze, weißer Bart.
Sankt Nikolaus – ein Phänomen
118 Seiten, 2002, Band 447,
ISBN 978-3-7867-8447-0

Georg Schwikart /
Michael Vogt (Hg.)
Seht, die gute Zeit ist nah.
Ein Adventskalender-Lesebuch
128 Seiten, 2006, Band 596,
ISBN 978-3-7867-8596-5

Pierre Stutz
Bei sich selber zu Hause sein. Ein Adventskalender
80 Seiten, 2007, Band 651,
ISBN 978-3-8367-0651-3

Bernhard Wagner
Frohe Weihnachten. Weihnachtsgrüße damals und heute
144 Seiten, 2007, Band 640,
ISBN 978-3-8367-0640-7

Christoph Wrembek
Quirinius, die Steuer und der Stern. Warum Weihnachten wirklich in Betlehem war
304 Seiten, 2006, Band 612,
ISBN 978-3-7867-8612-2

Aktuelle Themen – allgemeines religiöses Sachbuch

Manfred Becker-Huberti
Zeit ist wie Ewigkeit. Über das Phänomen der Zeit
144 Seiten, 2007, Band 636,
ISBN 978-3-8367-0636-0

Wolfgang Beinert
Maria – Spiegel der Erwartungen Gottes und der Menschen
168 Seiten, 2001, Band 407,
ISBN 978-3-7867-8407-4

Wolfgang Beinert
Tod und jenseits des Todes
148 Seiten, 2000, Band 355,
ISBN 978-3-7867-8355-8

Eckhard Bieger / Helmut Zimmermann
Heilige und ihre Feste. Entstehung – Bedeutung – Brauchtum
151 Seiten, 2004, Band 514,
ISBN 978-3-7867-8514-9

Eckhard Bieger / Theo Hipp
Mut zum Ritual. Die Kunst des Feierns
128 Seiten, 2008, Band 666,
ISBN 978-3-8367-0666-7

Leonardo Boff
Was kommt nachher? Zur Theologie des Todes
192 Seiten, 2009, Band 690,
ISBN 978-3-8367-0690-2

Roland Breitenbach
In Sachen Gottes unterwegs. Erlebnisse auf den Spuren des Paulus
118 Seiten, 2000, Band 323,
ISBN 978-3-7867-8323-7

Sabine Demel
Mitmachen – Mitreden – Mitbestimmen. Grundlagen, Möglichkeiten und Grenzen in der katholischen Kirche
172 Seiten, 2001, Band 379,
ISBN 978-3-7867-8379-4

Christoph Dohmen /
Thomas Hieke
Das Buch der Bücher.
Die Bibel – Eine Einführung
208 Seiten, 2. Auflage 2007,
Band 524, ISBN 978-3-8367-0524-0

Thomas Eggensperger /
Ulrich Engel (Hg.).
Worauf dürfen wir hoffen?
Ein Gespräch zwischen Paulus Engelhardt, Dorothee Sölle und Fulbert Steffensky
91 Seiten, 2002, Band 451,
ISBN 978-3-7867-8451-7

Günter Ewald
Gibt es ein Jenseits?
Auferstehungsglaube und Naturwissenschaften
111 Seiten, 2. Auflage 2002,
Band 350, ISBN 978-3-7867-8350-3

Günter Ewald
Nahtoderfahrungen. Hinweise auf ein Leben nach dem Tod?
144 Seiten, 3. Auflage 2008,
Band 591, ISBN 978-3-8367-0591-2

Hubert Frankemölle
Der Jude Jesus und die Ursprünge des Christentums
112 Seiten, 2003, Band 503,
ISBN 978-3-7867-8503-3

Josef Gelmi
Die Päpste in Kurzbiographien
192 Seiten, 2. Aufl. 2005, Band 552,
ISBN 978-3-7867-8552-1

Josef Gelmi
Das Papsttum. Beschreibung einer faszinierenden Institution
206 Seiten, 2007, Band 641,
ISBN 978-3-8367-0641-4

Hajo Goertz
Brückenschläge. Wirken und Wirkung der Katholikentage
128 Seiten, 2006, Band 602,
ISBN 978-3-7867-8602-3

Wilhelm Gössmann
Kultur-Christentum. Religion und Literatur in der Geistesgeschichte
238 Seiten, 2002, Band 414,
ISBN 978-3-7867-8414-2

Anton Grabner-Haider
Hitlers Theologie des Todes
144 Seiten, 2009, Band 682,
ISBN 978-3-8367-0682-7

Franz Gruber
Das entzauberte Geschöpf. Konturen des christlichen Menschenbildes
160 Seiten, 2003, Band 486,
ISBN 978-3-7867-8486-9

Gerhard Hartmann (Hg.)
Was mir Halt gibt. Gedanken von Benedikt XVI., Mutter Teresa, Anselm Grün, Jörg Zink u. a.
128 Seiten, 2008, Band 677,
ISBN 978-3-8367-0677-3

Rita Haub
Zur größeren Ehre Gottes. Heilige und Selige der Jesuiten
128 Seiten, 2009, Band 668,
ISBN 978-3-8367-0668-1

Anton Grabner-Haider
Wieviel Himmel braucht der Mensch?
197 Seiten, 2004, Band 537,
ISBN 978-3-7867-8537-8

Bernhard Grom
Hoffnungsträger Esoterik?
166 Seiten, 2002, Band 435,
ISBN 978-3-7867-8435-7

Jean Guitton
Mein Jüngstes Gericht. Der Philosoph und der Tod
263 Seiten, 2001, Band 382,
ISBN 978-3-7867-8382-4

Gerhard Hartmann
Kirche und Nationalsozialismus
96 Seiten, 2007, Band 624,
ISBN 978-3-7867-8624-5

Rita Haub
Sonne, Mond und Sterne. Jesuiten als Entdecker
96 Seiten, 2008, Band 642,
ISBN 978-3-8367-0642-1

Marianne Heimbach-Steins /
Volker Eid
Kirche – lebenswichtig. Was Kirche zu geben und zu lernen hat
183 Seiten, 1999, Band 302,
ISBN 978-3-7867-8302-2

Gottfried Hierzenberger
Engel und Dämonen
160 Seiten, 2003, Band 492,
ISBN 978-3-7867-8492-0

Gottfried Hierzenberger
Der Glaube der Atheisten
160 Seiten, 2005, Band 496,
ISBN 978-3-7867-8496-8

Gottfried Hierzenberger
Maria – Die weibliche Dimension Gottes
143 Seiten, 2004, Band 494,
ISBN 978-3-7867-8494-4

Gregor Maria Hoff
Die neuen Atheismen
Eine notwendige Provokation
128 Seiten, 2009, Band 671,
ISBN 978-3-8367-0671-1

Gregor Maria Hoff
Religionskritik heute
157 Seiten, 2004, Band 515,
ISBN 978-3-7867-8523-1

Getrud Hofmann / Werner Krebber
Die Beginen. Geschichte und Gegenwart
112 Seiten, 2. Auflage 2008,
Band 530, ISBN 978-3-8367-0530-1

Jana Jacobi
Scientology. Ein Blick hinter die Kulissen
144 Seiten, 2. ergänzte Auflage 2008, Band 652,
ISBN 978-3-8367-0652-0

Peter Paul Kaspar
Geheiligte Zeiten.
Zeichen und Symbole im Jahreskreis
122 Seiten, 1999, Band 315,
ISBN 978-3-7867-8315-2

Medard Kehl
Hinführung zum Glauben
176 Seiten, 2009, Band 685,
ISBN 978-3-8367-0685-8

Alfred Klose
Für eine Welt von morgen.
Soziale Orientierungen
158 Seiten, 2001, Band 396,
ISBN 978-3-7867-8396-1

Franz Kardinal König
Unterwegs mit den Menschen.
Vom Wissen zum Glauben
Hg. von Annemarie Fenzl und
Reginald Földy, Mit einem
Nachruf auf Kardinal König
von Maximilian Liebmann
319 Seiten, 2004, Band 546,
ISBN 978-3-7867-8546-0

Kurt Kramer
Die Glocke. Eine Kulturgeschichte
144 Seiten, 2007, Band 597,
ISBN 978-3-7867-8597-2

Walter Krieger /
Balthasar Sieberer (Hg.)
Was ist christlich an Europa
169 Seiten, 2004, Band 536,
ISBN 978-3-7867-8536-1

Walter Krieger /
Balthasar Sieberer (Hg.)
Wie religiös ist diese Welt?
186 Seiten, 2002, Band 448,
ISBN 978-3-7867-8448-7

Walter Krieger /
Balthasar Sieberer (Hg.)
Lebendig wird das Wort.
Wie Gott durch die Bibel spricht
102 Seiten, 2003, Band 501,
ISBN 978-3-7867-8501-9

Karin E. Leiter
Reichlich gibt es starke Frauen.
Spiel mir das Lied vom Leben
209 Seiten, 2000, Band 334,
ISBN 978-3-7867-8334-3

Maximilian Liebmann (Hg.)
War die Ehe immer unauflöslich?
157 Seiten, 2002, Band 462,
ISBN 978-3-7867-8462-3

Rudolf Lill
Die Macht der Päpste
240 Seiten, 2006, Band 603,
ISBN 978-3-7867-8603-0

Egon Mielenbrink
Beten mit den Füßen.
Über Geschichte und Praxis
von Wallfahrten
134 Seiten, 2001, Band 368,
ISBN 978-3-7867-8368-8

Egon Mielenbrink
Wallfahrtsorte – Stätten des Gebets
144 Seiten, 2006, Band 582,
ISBN 978-3-7867-8582-8

Karl Mittermaier
Die deutschen Päpste.
Benedikt XVI. und seine
deutschen Vorgänger
160 Seiten, 2006, Band 586,
ISBN 978-3-7867-8586-6

Johannes Oeldemann
Die Kirchen des christlichen
Ostens. Orthodoxe, orientalische
und mit Rom unierte Kirchen
224 Seiten, 2. aktualisierte Auflage
2008, Band 577,
ISBN 978-3-8367-0577-6

Martin Patzek
Aus Liebe zu Gott und den
Menschen. Vorbilder der Caritas
160 Seiten, 2005, Band 549,
ISBN 978-3-7867-8549-1

Otto Hermann Pesch
Kleines katholisches Glaubensbuch
226 Seiten, 15. bearb. und
erw. Auflage 2004, Band 539,
ISBN 978-3-7867-8539-2

Otto Hermann Pesch
Das Zweite Vatikanische Konzil.
Vorgeschichte – Verlauf –
Ergebnisse – Nachgeschichte
448 Seiten, 2. Auflage 2005,
Band 393, ISBN 978-3-7867-8393-0

Joseph Ratzinger (Papst Benedikt
XVI,) / Hans Maier
Demokratie in der Kirche.
Möglichkeiten und Grenzen
104 Seiten, 2 Auflage 2005,
Band 348, ISBN 978-3-7867-8348-0

Johannes Reiter
Die genetische Gesellschaft.
Handlungsspielräume und
Grenzen
143 Seiten, 2002, Band 428,
ISBN 978-3-7867-8428-9

Werner Roemer
Abbild des Himmels. Zur
Theologie des Kirchengebäudes
158 Seiten, 2001, Band 410,
ISBN 978-3-7867-8410-4

Jos Rosenthal
Die Jüngerinnen. Frauen im
Neuen Testament
127 Seiten, 2004, Band 534,
ISBN 978-3-7867-8534-7

Jos Rosenthal
Der Prozess Jesu. 18 Stunden bis zur Hinrichtung
112 Seiten, 2003, Band 475,
ISBN 978-3-7867-8475-3

Hans Schaefer
Gott im Kosmos und im Menschen. Gedanken eines Naturwissenschaftlers
Vorwort von Kardinal Franz König
272 Seiten, 2000, Band 360,
ISBN 978-3-7867-8360-2

Theodor Schneider / Martina Patenge
Sieben heilige Feiern. Eine kleine Sakramentenlehre
232 Seiten, 2004, Band 541,
ISBN 978-3-7867-8541-5

Christian Schütz / Philippa Rath (Hg.)
Der Benediktinerorden. Gott suchen in Gebet und Arbeit
256 Seiten, 2. Auflage 2009,
Band 506, ISBN 978-3-8367-0506-6

Georg Schwikart
Basiswissen Christentum
96 Seiten, 2007, Band 625,
ISBN 978-3-7867-8625-2

Georg Schwikart
Zwischen Zeit und Ewigkeit. Das Kirchenjahr
96 Seiten, 2006, Band 588,
ISBN 978-3-7867-8588-8

Roman Siebenrock
Christliches Martyrium. Warum es geht
96 Seiten, 2009, Band 662,
ISBN 978-3-8367-0662-9

Michaela Sohn-Kronthaler / Andreas Sohn
Frauen im kirchlichen Leben. Vom 19. Jahrhundert bis heute
144 Seiten, 2008, Band 672,
ISBN 978-3-8367-0672-8

Barbara Stambolis
Im Zeichen des Glaubens. Tradition und Wandel kirchlicher Feste
96 Seiten, 2007, Band 615,
ISBN 978-3-7867-8615-3

Herbert Vorgrimler
Wiederkehr der Engel? Ein altes Thema neu durchdacht
120 Seiten, 2. Auflage 2008,
Band 653, ISBN 978-3-8367-0653-0

Marion Wagner
Für eine Zukunft in Partnerschaft. Mann und Frau in christlicher Sicht
160 Seiten, 2003, Band 480,
ISBN 978-3-7867-8480-7

Hans-Ulrich Wiese (Hg.)
Prophetische Gestalten im 20. Jahrhundert
144 Seiten, 2009, Band 681,
ISBN 978-3-8367-0681-0

Paul M. Zulehner
Kirche umbauen, nicht totsparen
128 Seiten, 2009, Band 687,
ISBN 978-3-8367-0687-2

Biographien und Lebensbilder

Reinhard Abeln
Benedikt Menni. Prophet der Liebe
78 Seiten, 2004, Band 535,
ISBN 978-978-3-7867-8535-4

Thomas Broch
Denker der Krise. Vermittler von Hoffnung. Pierre Teilhard de Chardin
155 Seiten, 2000, Band 324,
ISBN 978-3-7867-8324-4

Walbert Bühlmann
Johannes XXIII. Der schmerzliche Weg eines Papstes. Mit dem authentischen Text der Konzilseröffnungsrede
132 Seiten, 3. Auflage 1999,
Topos-alt Band 259,
ISBN 978-3-7867-1907-6

Patrick Dondelinger
Bernadette Soubirous. Visionen und Wunderheilungen
168 Seiten, 2007, Band 650,
ISBN 978-3-8367-0650-6

Peter Ebner
Nikolaus von Tolentino. Ein Werdegang
160 Seiten, 2007, Band 617,
ISBN 978-3-7867-8617-7

Peter Ebner
Ihr werdet meine Zeugen sein. Aus dem Leben heiliger Menschen
144 Seiten, 2002, Band 458,
ISBN 978-3-7867-8458-6

Petra Fietzek
Franziska Schervier. Worte alleine vermögen nichts
112 Seiten, 2003, Band 502,
ISBN 978-3-7867-8502-6

David Fraesdorff
Ansgar. Apostel des Nordens
112 Seiten, 2009, Band 633,
ISBN 978-3-8367-0633-9

Rita Haub
Alfred Delp. Beten und Glauben
128 Seiten, 2007, Band 604,
ISBN 978-3-7867-8604-6

Rita Haub
Ignatius von Loyola.
Gott in allen Dingen finden
128 Seiten, 2005, Band 567,
ISBN 978-3-7867-8567-5

Rita Haub
Franz Xaver. Aufbruch in die Welt
127 Seiten, 2002, Band 423,
ISBN 978-3-7867-8423-4

Waltraud Herbstrith (Hg.)
Edith Stein – Aus der Tiefe leben.
Ein Textbrevier
208 Seiten, 2006, Band 583,
ISBN 978-3-7867-8583-5

Jörg-Peter Findeisen
Birgitta. Gottes Botin im mittelalterlichen Europa
112 Seiten, 2003, Band 509,
ISBN 978-3-7867-8509-5

Rita Haub
Petrus Canisius.
Botschafter Europas
111 Seiten, 2003, Band 513,
ISBN 978-3-7867-8513-2

Rita Haub
Peter Faber. Globetrotter Gottes
96 Seiten, 2006, Band 568,
ISBN 978-3-7867-8568-6

Rita Haub
Rupert Mayr.
Der Wahrheit verpflichtet
94 Seiten, 2004, Band 512,
ISBN 978-3-7867-8512-5

Waltraud Herbstrith (Hg.)
Edith Stein. Ein Lebensbild in Zeugnissen und Selbstzeugnissen
187 Seiten, 2. Auflage 2004,
Band 401, ISBN 978-3-7867-8401-2

Markus Hofer
Fidelis von Sigmaringen.
Gottesmann, Eiferer, Märtyrer
96 Seiten, 2007, Band 628,
ISBN 978-3-7867-8628-3

Johann Hoffmann-Herreros
Dag Hammerskjöld. Politiker – Schriftsteller – Christ
108 Seiten, 1991, Topos-alt Band 209, ISBN 978-3-7867-1549-8

Gisbert Kranz
Augustinus. Sein Leben und Wirken
168 Seiten, 1994, Topos-alt Band 244, ISBN 978-3-7867-1795-9

S. Lydia La Dous
Galileo Galilei. Zur Geschichte eines Falles
176 Seiten, 2007, Band 613, ISBN 978-3-7867-8613-9

Anton Rotzetter
Klara und Franziskus. Bilder einer Freundschaft
111 Seiten, 2. Auflage 2004, Band 309, ISBN 978-3-7867-8309-1

Marianne Schlosser (Hg.)
Im Spiegel Christi. Die Schriften der Klara von Assisi
111 Seiten, 2004, Band 532, ISBN 978-3-7867-8532-3

Ursula Klammer
Hildegard von Bingen. Wenn es um Gesundheit geht
156 Seiten, 2. Auflage 2009, Band 374, ISBN 978-3-8367-0374-1

Martina Kreidler-Kos / Ancilla Röttger / Niklaus Kuster
Klara von Assisi. Freundin der Stille – Schwester der Stadt
144 Seiten, 2. Auflage 2006, Band 561, ISBN 978-3-7867-8561-3

Hans Lipp
Max Josef Metzger. Prophetischer Märtyrer
136 Seiten, 2007, Band 630, ISBN 978-3-7867-8630-6

Walter Rupp
Friedrich Spee. Gegen den Hexenwahn
128 Seiten, 2006, Band 589, ISBN 978-3-7867-8589-7

Hans.Karl Seeger
Karl Leisner. Visionär eines geeinten Europas
160 Seiten, 2006, Band 563, ISBN 978-3-7867-8563-7

Hans-Karl Seeger (Hg.)
Karl Leisner letztes Tagebuch. Zeugnis eines vollendeten Lebens
272 Seiten, 2007, Band 638,
ISBN 978-3-8367-0638-4

Dorothee Seelhöfer
Simone Weil. Philosophin – Gewerkschafterin – Mystikerin
176 Seiten, 2. Auflage 2009,
Band 679, ISBN 978-3-8367-0679-7

Josef Seuffert
Thomas Morus. Mosaik eines Mannes
131 Seiten, 1999, Band 303,
ISBN 978-3-7867-8303-9

Mario Spinelli
Gasparo del Bufalo. Mutig voran
272 Seiten, 2003, Band 510,
ISBN 978-3-7867-8510-1

Peter Stöger
Martin Buber. Eine Einführung in Leben und Werk
140 Seiten, 2003, Band 488,
ISBN 978-3-7867-8488-3

Markus Trautmann
Clemens August von Galen. Ich erhebe meine Stimme
128 Seiten, 2005, Band 566,
ISBN 978-3-7867-8566-8

Helmut Zimmermann / Eckhard Bieger
Elisabeth. Heilige der christlichen Nächstenliebe
160 Seiten, 2. Auflage 2007,
Band 598, ISBN 978-3-7867-0598-1

Religionen

Christa Felicetti
Lebensweisheit aus dem Judentum
184 Seiten, 2001, Band 409,
ISBN 978-3-7867-8409-8

Hans Hermann Henrix
Judentum und Christentum. Gemeinschaft wider Willen
227 Seiten, 2. Auflage 2008,
Band 525, ISBN 978-3-8367-0525-7

Hannes Kulmer
Lebensweisheit aus Afrika
220 Seiten, 2002, Band 456,
ISBN 978-3-7867-8456-2

Elisabeth Rosegger
Lebensweisheit aus dem Islam
202 Seiten, 2002, Band 437,
ISBN 978-3-7867-8437-1

Georg Schwikart
Sexualität in den Religionen
144 Seiten, 2005, Band 551,
ISBN 978-3-7867-8551-4

Rudolf Simek
Der Glaube der Germanen
160 Seiten, 2005, Band 495,
ISBN 978-3-7867-8495-1

Hans Waldenfels
Christus und die Religionen
135 Seiten, 2002, Band 433,
ISBN 978-3-7867-8433-3

Stephan Leimgruber
Feinde oder Freunde.
Wie können Christen und
Muslime miteinander umgehen
208 Seiten, 2008, Band 648,
ISBN 978-3-8367-0648-3

Georg Schwikart
100 Daten der Religionsgeschichte
192 Seiten, 2006, Band 573,
ISBN 978-3-7867-8573-6

Georg Schwikart
Tod und Trauer in den
Weltreligionen
112 Seiten, 2007, Band 605,
ISBN 978-3-7867-8605-4

Christian Troll
Muslime fragen,
Christen antworten
176 Seiten, 3. Auflage 2007,
Band 489, ISBN 978-3-8367-0489-2

Karl R. Wernhart
Ethnische Religionen. Universale
Elemente des Religiösen
160 Seiten, 2004, Band 545,
ISBN 978-3-7867-8545-3

Seelsorge

Willi Hoffsümmer (Hg.)
Bußgeschichten
128 Seiten, 7. Auflage 1997,
Topos-alt Band 99
ISBN 978-3-7867-0841-4

Willi Hoffsümmer
Firmgeschichten. Hinführung zur Firmung für Jugendliche und Gruppenleiter
144 Seiten, 3. Aufl. 1998,
Topos-alt Band 126
ISBN 978-3-7867-1042-4

Willi Hoffsümmer
Geschichten zum Sakrament der Ehe
108 Seiten, 6. Auflage 1998,
Topos-alt Band 166
ISBN 978-3-7867-1290-9

Willi Hoffsümmer
Geschichten zur Taufe.
128 Seiten, 5. Auflage 2001,
Topos-alt Band 210
ISBN 978-3-7867-1550-4

Willi Hoffsümmer (Hg.)
Kommuniongeschichten.
Brot fürs Leben.
94 Seiten, 13. Auflage 2002,
Topos-alt Band 79
ISBN 978-3-7867-0741-7

Heidi Rose (Hg.)
Dem Horizont entgegen.
Texte zur Firmung
144 Seiten, 2001, Band 369
ISBN 978-3-7867-8369-5

Heidi Rose (Hg.)
Und Jesus mitten unter uns.
Texte zur Erstkommunion
111 Seiten, 2002, Band 415
ISBN 978-3-7867-8415-9

Heinz-Manfred Schulz
Was macht Gott den ganzen Tag?
Kinder fragen nach dem Glauben, Eltern und Erzieher geben Antwort
138 Seiten, 7. Auflage 1998,
Topos-alt Band 167
ISBN 978-3-7867-1279-4

Theologische Reflexionen und Essays

Franz Annen (Hg.)
Gottesbilder. Herausforderungen und Geheimnis
164 Seiten, 2002, Band 453,
ISBN 978-978-3-7867-8453-1

Peter Fonk
Das Gewissen. Was es ist – wie es wirkt – wie weit es bindet
205 Seiten, 2004, Band 543,
ISBN 978-3-7867-8543-9

Gisbert Greshake
Gnade – Geschenk der Freiheit. Eine Hinführung
184 Seiten, 2004, Band 521,
ISBN 978-3-7867-8521-7

Michael Kappes (Hg.)
Theologische Profile im 20. Jahrhundert. Karl Barth – Dietrich Bonhoeffer – Romano Guardini – Karl Rahner
319 Seiten, 2001, Band 370,
ISBN 978-3-7867-8370-1

Eva Maria Faber
„Du neigst die mir zu und machst mich groß".
Zur Theologie von Gnade und Rechtfertigung
160 Seiten, 2005, Band 576,
ISBN 978-3-7867-8576-7

Gisbert Greshake
Erlöst in einer unerlösten Welt?
168 Seiten, 1987, Topos alt Band 170, ISBN 978-3-7867-1314-2

Rainer Hagencord
Gott und die Tiere.
Ein Perspektivenwechsel
144 Seiten, 2008, Band 632,
ISBN 978-3-7867-8632-0

Medard Kehl
Und was kommt nach dem Ende.
Vom Weltuntergang und Vollendung, Wiedergeburt und Auferstehung
206 Seiten, 2. Auflage 2008,
Band 571, ISBN 978-3-8367-0571-4

Medard Kehl
Dein Reich komme. Entwurf einer christlichen Eschatologie
370 Seiten, 2003, Band 498,
ISBN 978-3-7867-8498-2

Hans Kessler
Sucht den Lebenden nicht bei den Toten. Die Auferstehung Jesu Christi in biblischer, fundamentaltheologischer und systematischer Sicht
527 Seiten, 2002, Band 419,
ISBN 978-3-7867-8419-7

Hans Kessler
Das Leid in der Welt – ein Schrei nach Gott
148 Seiten, 2007, Band 631,
ISBN 978-3-7867-8631-3

Wolfgang Klausnitzer
Jesus von Nazaret. Lehrer – Messias – Gottessohn
143 Seiten, 2001, Band 381,
ISBN 978-3-7867-8381-7

Günter Koch
Sakramente – Hilfen zum Leben
174 Seiten, 2001, Band 380,
ISBN 978-3-7867-8380-0

Günter Koch
Sakramentale Symbole. Grundweisen des Heilshandelns Gottes
142 Seiten, 2001, Band 404,
ISBN 978-3-7867-8404-3

Jacob Kremer
Enthüllungen der Zukunft. Tod – Rettung – Weltgericht
160 Seiten, 1999, Band 317,
ISBN 978-3-7867-8317-6

Jürgen Manemann
Über Freunde und Feinde. Brüderlichkeit Gottes
112 Seiten, 2008, Band 656,
ISBN 978-3-8367-0656-8

Karl-Heinz Menke
Handelt Gott, wenn ich ihn bitte?
197 Seiten, 3. Auflage 2008,
Band 331, ISBN 978-3-3867-0331-4

Judith Müller
Im Dienst der Kirche Christi. Zum Verständnis des kirchlichen Amtes heute
135 Seiten, 2000, Band 358,
ISBN 978-3-7867-8358-9

Klaus Müller
Gott erkennen. Das Abenteuer der Gottesbeweise
140 Seiten, 2001, Band 405,
ISBN 978-3-7867-8405-0

Peter Neuner
Die heilige Kirche der sündigen Christen
184 Seiten, 2002, Band 454,
ISBN 978-3-7867-8454-8

Otto Hermann Pesch
Warum hast du so große Ohren? Rotkäppchen – „theologisch" zu Gehör gebracht
120 Seiten, 2005, Band 555,
ISBN 978-3-7867-8555-2

Karl Rahner
Erinnerungen. Im Gespräch mit Meinold Krauss
119 Seiten, 2001, Band 385,
ISBN 978-3-7867-8385-5

Thomas Schärtl
Wahrheit und Gewißheit. Zur Eigenart religiösen Glaubens
174 Seiten, 2004, Band 526,
ISBN 978-3-7867-8526-2

Stefan Scholz
Glauben und zweifeln. Eine theologische Meditation
80 Seiten, 2006, Band 594,
ISBN 978-3-7867-8594-1

Bertram Stubenrauch
Dreifaltigkeit
151 Seiten, 2002, Band 434,
ISBN 978-3-7867-8434-0

Herbert Vorgrimler
Karl Rahner verstehen. Eine Einführung
223 Seiten, 2002, Band 416,
ISBN 978-3-7867-8416-6

Dietrich Wiederkehr
Zeugen der Freiheit. Bewährung christlicher Glaubwürdigkeit
112 Seiten, 2001, Band 356,
ISBN 978-3-7867-8356-5

Konrad Zillober
Toleranz. Vom Urvertrauen zur Konfliktfähigkeit
168 Seiten, 2003, Band 508,
ISBN 978-3-7867-8508-8

Romano Guardini

Hann-Barbara Gerl-Falkovitz
Romano Guardini.
Konturen des Lebens
und Spuren des Denkens
328 Seiten, 2005, Band 553,
ISBN 978-3-7867-8553-8

Romano Guardini
Briefe über Selbstbildung.
Bearbeitet von Ingeborg Klimmer
184 Seiten, 2. Auflage 2001,
Band 399, ISBN 978-3-7867-8399-2

Romano Guardini
Engel. Theologische Betrachtungen
96 Seiten, 2. Auflage 2008,
Band 337, ISBN 978-3-8367-0337-6

Romano Guardini
Das Gebet des Herrn
112 Seiten, 9. Auflage 2008,
Band 366, ISBN 978.3-8367-0366-6

Romano Guardini
Der Kreuzweg unseres Herrn
und Heiland
70 Seiten, 6. Auflage 2003,
Band 386, ISBN 978-3-7867-8386-2

Romano Guardini
Die Annahme seiner selbst.
Den Menschen erkennt nur,
wer von Gott weiß
77 Seiten, 7. Auflage 2008,
Band 490, ISBN 978-3-8367-0490-8

Romano Guardini
Die letzten Dinge
128 Seiten, 2. Auflage 2008,
Band 461, ISBN 978-3-8367-0461-8

Romano Guardini
„Damit Europa werde ..."
Wirklichkeit und Aufgabe eines
zusammenwachsenden Kontinents
93 Seiten, 2003, Band 505,
ISBN 978-3-7867-8505-7

Romano Guardini
Grundlegung der Bildungslehre.
Versuch einer Bestimmung des
Pädagogisch-Eigentlichen
80 Seiten, 2000, Band 338,
ISBN 978 3-7867-8338-2

Romano Guardini
Vom Leben des Glaubens
160 Seiten, 2. Auflage 2009,
Band 684, ISBN 978-3-8367-0684-1

Romano Guardini
Die Lebensalter. Ihre ethische und pädagogische Bedeutung
100 Seiten, 5. Auflage 2008,
Band 400, ISBN 978-3-8367-0400-9

Romano Guardini
Der Rosenkranz unserer lieben Frau
88 Seiten, 2. Auflage 2009,
Band 460, ISBN 978-3-8367-0460-1

Romano Guardini
Vom Sinn der Schwermut
107 Seiten, 9. Auflage 2008,
Band 511, ISBN 978-3-8367-0511-0

Romano Guardini
Über das Wesen des Kunstwerkes
104 Seiten, 2005, Band 554,
ISBN 978-3-7867-8554-5

Romano Guardini
Von heiligen Zeichen
82 Seiten, 6. Auflage 2008,
Band 365, ISBN 978-3-8367-0365-9

Romano Guardini
Italienische Reisen.
Meditationen zu Landschaften
107 Seiten, 2000, Band 336,
ISBN 978-3-7867-8336-7

Romano Guardini
Geistliche Schriftauslegung.
Mit einem Nachwort von Heinrich Kahlefeld
104 Seiten, 1993, Band 231,
ISBN 978-3-7867-1696-9

Romano Guardini
Der Sonntag.
Gestern – heute – immer
96 Seiten, 2. Auflage 2008,
Band 364, ISBN 978-3-8367-0364-2

Romano Guardini
Wunder und Zeichen.
84 Seiten, 1991, Band 208,
ISBN 978-3-7867-1548-1